Liebe Leserin, lieber Leser,

mit diesem Buch haben Sie einen guten Griff getan! Denn egal, was Sie vorhaben – ob Sie modernisieren oder verschönern, ob Sie reparieren oder ein eigenes Möbelstück bauen möchten –, jetzt kann nichts mehr schiefgehen. Die Fachautoren von Europas auflagenstärkstem Do-it-yourself-Magazin „SelberMachen" präsentieren Ihnen Heimwerken auf dem neuesten Stand. Schritt für Schritt werden sämtliche Handgriffe und kleinen Tricks erklärt. Alles, was wir Ihnen hier zeigen, ist vielfach und ausführlich in den Werkstätten von „SelberMachen" getestet und erprobt worden. Wir wünschen Ihnen viel Freude und Erfolg bei all Ihren Selbermacher-Plänen!

Walter Diem

Wände und Decken vertäfeln

rororo
selber machen

rororo selbermachen
herausgegeben von Wolf Dietrich Laatzen

Die Reihe rororo selbermachen wird produziert von
der Redaktion der Zeitschrift SelberMachen,
Jahreszeiten-Verlag, Hamburg

*Autor und Verlag bedanken sich bei den Firmen
BRÜGMANN & SOHN, DORTMUND,
LOUIS KRAGES, BREMEN,
OSTERMANN & SCHEIWE, MÜNSTER,
UND PARADOR, COESFELD, die technische
Informationen, Fotos und fachlichen Rat
beigesteuert haben, für die freundliche
Unterstützung bei der Entstehung dieses Buchs.*

*Originalausgabe
Veröffentlicht im Rowohlt Taschenbuch Verlag GmbH,
Reinbek bei Hamburg, April 1997*

*Layout Simone Sander
Umschlaggestaltung Walter Hellmann
(Foto Karin Vogel-Berensmann)
Lithographie Alphabeta Druckformdienst GmbH, Hamburg
Satz PostScript Sabon und Frutiger auf
Apple Macintosh, QuarkXPress 3.31
Gesamtherstellung Clausen & Bosse, Leck
Printed in Germany
1990-ISBN 3 499 60311 x*

Inhalt

Holz gibt

Hier wird die Täfelung prachtvoll inszeniert. Paneelfelder im Wechsel mit Pilastern sind mehr als nur eine Verkleidung der Wand. Sie sind ganz wesentliche, fast dominierende Elemente der Raumgestaltung.

jeder Einrichtung Charakter

Profilbretter und Paneele eröffnen viele Möglichkeiten, Räume zu gestalten und mit Akzenten zu versehen.

Die Verkleidung von Dachschrägen hat praktische Gründe: Sie wirkt als Wärmedämmung. Das schließt nicht aus, daß man aus der Notwendigkeit eine Tugend macht.

Es muß nicht immer die ganze Wand sein: Auch ein relativ kleiner Bereich kann ausreichen, die Täfelung zum Blickfang zu machen und dem Raum und seiner Einrichtung Charakter zu verleihen.

Der Raum im Foto links präsentiert sich heiter, sommerlich. Dazu tragen die hellen Farben und das Licht, aber sicher auch die unpathetisch wirkende Täfelung an den Wänden bei.

Der **Phantasie** sind beim Gestalten und

Paneele an der Decke eines Badezimmers: Hier werden neue Gestaltungsmöglichkeiten eröffnet, die vor nicht langer Zeit als unrealisierbar galten. Bei sachgemäßer Anwendung hat Holz auch hier eine lange Lebensdauer. Welchen Gewinn dieses Material für die Raumatmosphäre bringt, ist hier deutlich bewiesen.

Hier hält sich das Holz zurück: Mobiliar, Bilder und Farben geben den Ton an. Dennoch: Erst durch das Material und die Farbe der Täfelung wird dieses elegante und gediegene Raumensemble komplett.

Holz ist ein wandlungs- und anpassungsfähiges Material. Alle auf diesen Seiten gezeigten Beispiele wurden mit Profilholz und Paneelen aus dem OSMO-Holzprogramm realisiert.

Auf das Profil kommt es an

Profilbretter gibt es in vielen Varianten. Nut und Feder haben sie alle, aber im Holz, in der Fräsung und in der Oberfläche gibt es Unterschiede.

Die schmalsten Profilbretter sind 69 mm breit (Deckbreite 63 mm); das sind im Foto die Teile **1** (Ramin), **2** (Koto), **3** (Brasilkiefer) und **4** (Canbara). Mit 12,5 mm etwas dicker und 94 bis 96 mm breit (Deckbreite 84 bis 88 mm) ist das Profil 2 der Bretter **5** (Nordische Fichte), **6** (Hemlock), **7** (Western Red Cedar), **8** (Red Pine), **9** (Oregon Pine) und **10** (Koto). Das Blockhaus-Profil **11** (Nordische Fichte) und **12** (kesseldruckimprägnierte Fichte) erkennt man an der gewölbten Oberfläche. Das Landhausprofil der Bretter **13** (Kiefer) und **14** (Fichte) ist 135 mm breit und weist Zierfräsungen auf. Softline-Kanten kennzeichnen das Rundprofil der Bretter **15** (Hemlock), **16** (Western Red Cedar) und **17** (Nordische Kiefer). Softline-Kanten und flaches Rundprofil (135 mm Deckbreite) zeigen die Bretter **18** (Hemlock), **19** (Fichte) und **20** (Western Red Cedar). Das weiße Strukturprofil **21** gibt es in Hemlock und in Fichte.

Breiten und Dicken der Profilbretter

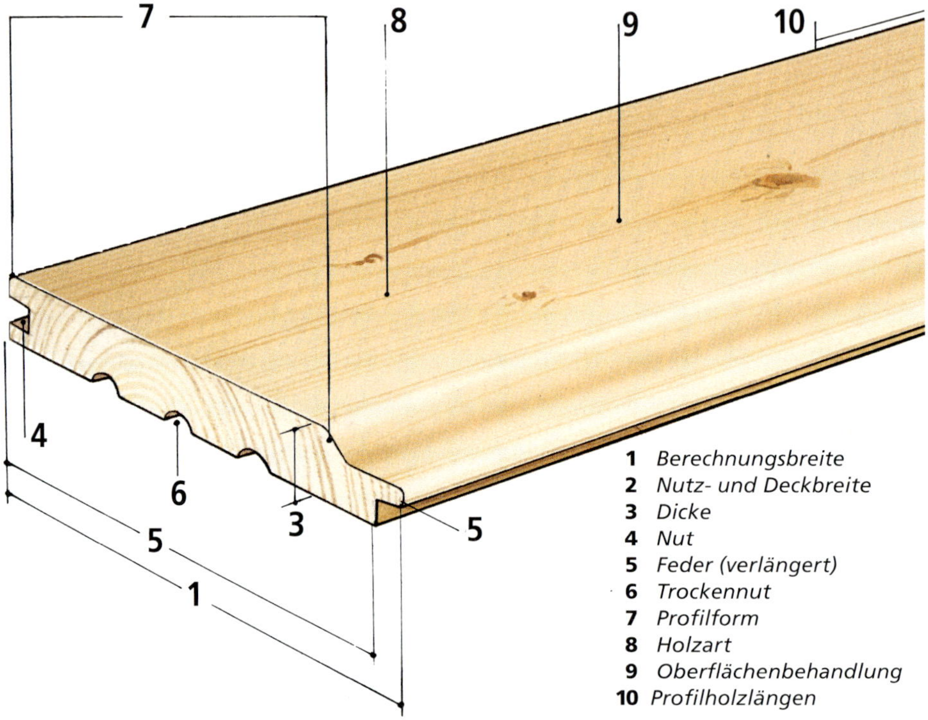

1 *Berechnungsbreite*
2 *Nutz- und Deckbreite*
3 *Dicke*
4 *Nut*
5 *Feder (verlängert)*
6 *Trockennut*
7 *Profilform*
8 *Holzart*
9 *Oberflächenbehandlung*
10 *Profilholzlängen*

Profilholz ist pure Natur – und zeigt viele Extras

Eines haben alle Profilbretter gemeinsam: An der einen Längsseite ist eine Nut, an der anderen ein Federprofil angefräst. Deshalb kann man sie zusammenstecken, so daß eine zusammenhängende und geschlossene Holzfläche entsteht, die auch gegen Verformungen gesichert ist.
Daneben gibt es aber viele Unterschiede. Das beginnt bei der Holzart. Man hat die Wahl zwischen Fichte, Kiefer und den überseeischen Hölzern Hemlock, Oregon Pine, Red Pine, Western Red Cedar.
Fichte und Kiefer werden in Dicken von 12,5 mm, 14 mm und 19,5 mm sowie mit Berechnungs- bzw. Nutzbreiten von 96/88 mm, 121/115 mm und 146/138 mm angeboten. Red Pine gibt es 11 mm dick und 94/86 mm breit; Hemlock, Oregon Pine oder Zeder in 11 und 13 mm Dicke sowie 94/86 bzw. 144/136 mm Breite.
Unterschiede zeigen sich im Bild der Jahresringe: Als Rifts bezeichnet man Bretter, die quer zu den Jahresringen geschnitten wurden und gestreift sind; Flats sind gleichlaufend zu den Jahresringen geschnitten und haben eine unruhige Flader-Oberfläche.
Die nach außen zeigende, sichtbare Oberfläche der Profilbretter kann gehobelt oder gebürstet, unbehandelt oder gewachst, lasiert oder lackiert sein.
Fichten- und Kiefernbretter bekommt man in Längen bis 480 cm, die Exoten sogar bis 488 cm Länge.

Natur für gesundes Wohnen

LK Creativ greenline,
Massivholzpaneele in Systemlängen, ist:

massives Holz aus nachhaltig betriebener Forstwirtschaft

gesundheitlich unbedenklich, da mit natürlichen Ölen und Wachsen versiegelt

nachweislich kompostierbar

leicht zu pflegen mit dem LK Creativ greenline Pflegeset

lösemittelfrei für gesundes Wohnklima

ein ehrliches Produkt, alle Inhaltsstoffe der Oberfläche sind volldeklariert (Allergiker können aufatmen)

LK Creativ greenline
eignet sich zur Verlegung in allen Wohnbereichen (außer im direkten Spritzwasserbereich). Stark beanspruchte Stellen können problemlos mit dem Farb-Pflegeset für LK Creativ greenline nachbehandelt werden.
Entscheiden Sie sich für ein Naturprodukt mit hochwertig veredelter Oberfläche auf Öl-Wachs-Basis. Verschönern Sie Ihr Zuhause – natürlich mit ***LK Creativ greenline.***

Holz zum Wohnen

im guten Holzfachhandel

LOUIS KRAGES
HOLZWERKE

Bezugsquellen über: Louis Krages Holzwerke GmbH · Beim Industriehafen 123 · 28237 Bremen · Tel. 04 21 - 61 81-0

Rump, Becker & Partner, HB

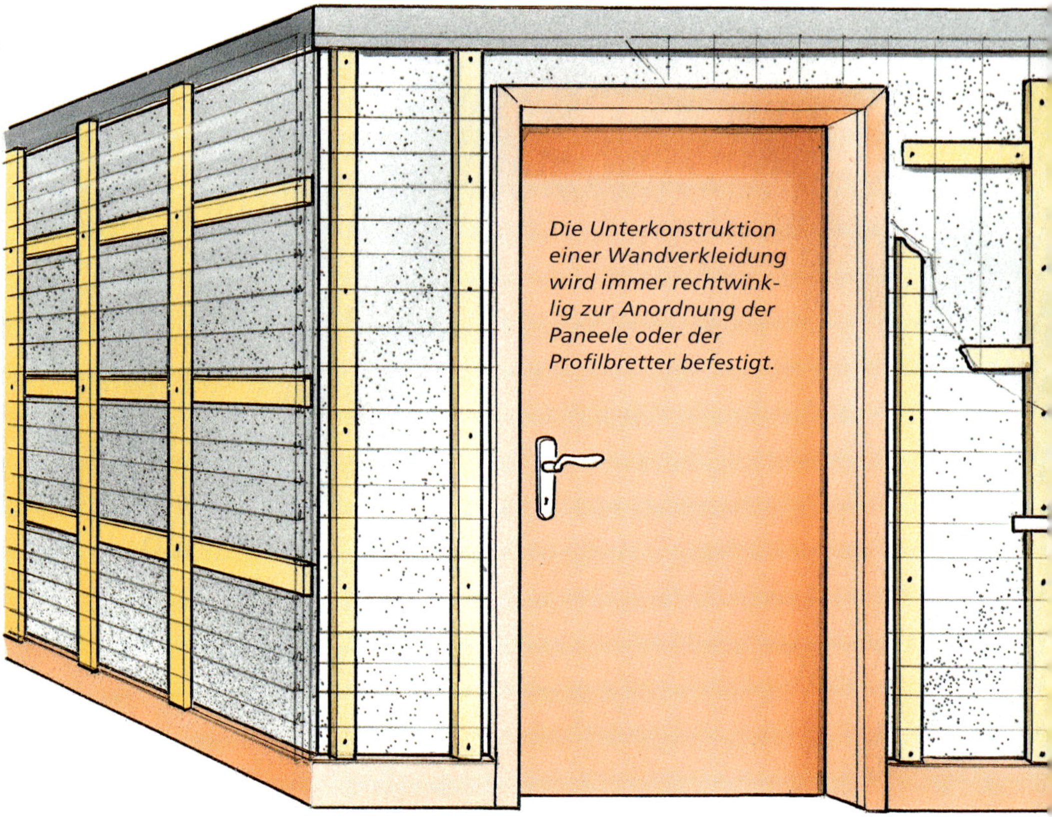

Die Unterkonstruktion einer Wandverkleidung wird immer rechtwinklig zur Anordnung der Paneele oder der Profilbretter befestigt.

Wandverkleidung aus Holz:

Sie mögen unterschiedlich aussehen; aber die Befestigung einer Wandverkleidung aus Holz ist fast immer gleich. Die folgenden Seiten zeigen, wie's gemacht wird.

Bevor das erste Brett einer Wandverkleidung montiert werden kann, ist einige Vorarbeit nötig. Denn die Bretter können ja nicht direkt auf die Wand genagelt werden, sondern es ist zuvor eine Unterlattung anzubringen, vor der die Bretter befestigt werden. Die Montage dieser Unterkonstruktion kostet zwar Zeit und Material, aber man schafft damit auch einige Vorteile. So muß man sich nicht um den Zustand der Wand kümmern, die verkleidet werden soll: Schäden und

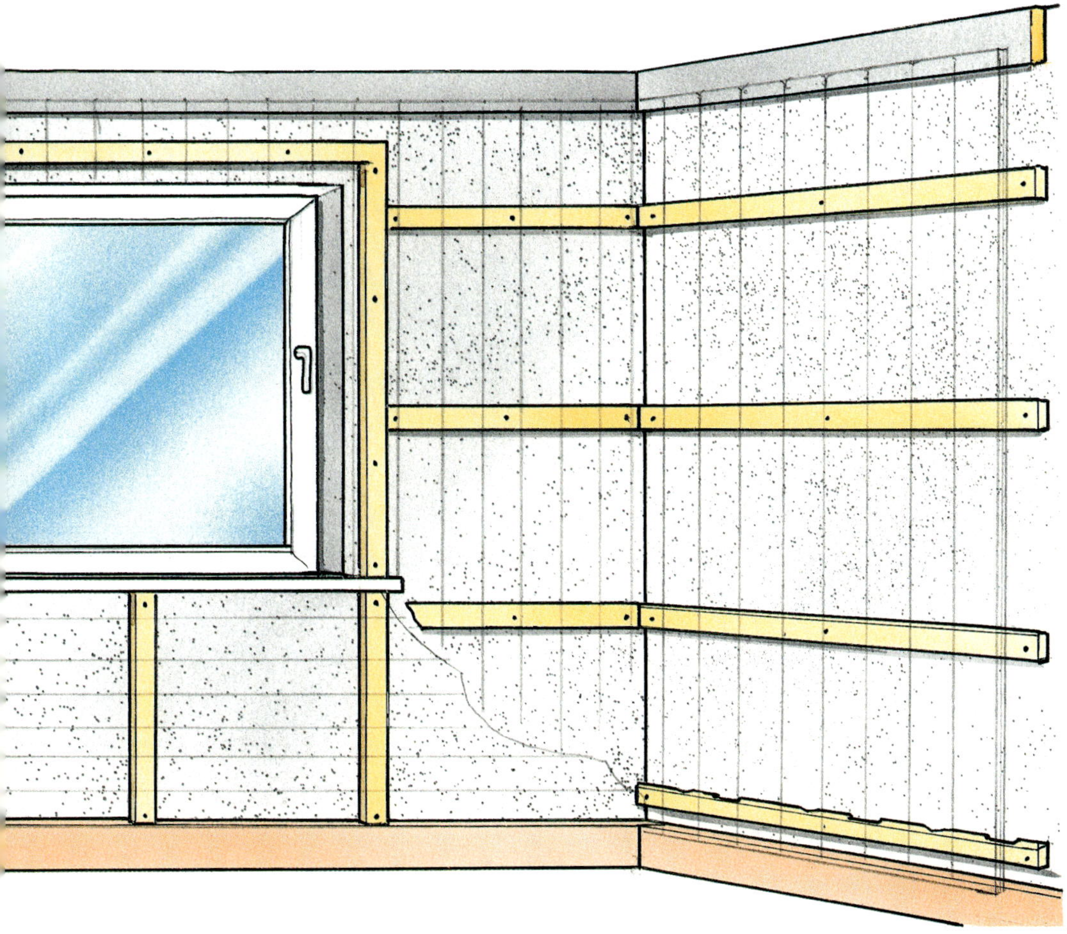

So wird sie montiert

Unebenheiten werden durch die Unterlattung bzw. durch die Befestigungsschrauben und -dübel für diese Unterkonstruk tion ausgeglichen. Die Unterlattung bringt ein paar Zentimeter Abstand zwischen Wand und Rückseite der Verkleidung. Dieser Zwischenraum kann für die Anbringung einer Wärmedämmschicht genutzt werden, ist aber vor allem in Räumen mit hoher Luftfeuchtigkeit oder sogar direkt auf die Verkleidung treffender und ins Holz eindringender Nässe wichtig, damit die Bretter hinterlüftet werden: Die Bretter können eingedrungene Feuchtigkeit auch nach hinten wieder abgeben. Das mindert die Gefahr oder schließt sie sogar ganz aus, daß sich das Holz verzieht. Dafür ist aber in der Unterlattung durch entsprechende Luftdurchlässe zu sorgen: Die Luft muß ungehindert von unten nach oben über die ganze Breite und Höhe der Wandfläche und damit auch über die ganze Rückseite der Holzverkleidung streichen können.

Profilhölzer sind aus massivem Holz geschnitten, Paneele weisen dagegen nur an der Oberfläche eine dünne Schicht gewachsenes Holz auf: Der Kern ist ein Holzwerkstoff, eine Span- oder Faserplatte also, die auch breiten Paneelen ausreichend Steifigkeit verleiht.

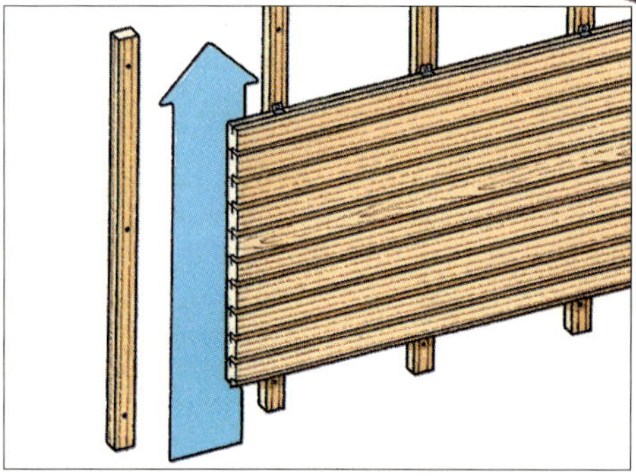

Bei waagerechter Anbringung der Bretter ist die Unterlattung senkrecht befestigt, mit einem Abstand von höchstens 50 cm.

Bevor mit neuen Profilbrettern eine Wandverkleidung montiert werden kann, muß das Holz immer erst dem Raumklima angepaßt werden: Die Bündel werden ausgepackt, die Bretter bleiben gebündelt und werden an den Enden mit Kreppband fixiert und einige Tage liegengelassen. Das Holz kann trocknen, ohne daß sich die Bretter verziehen oder verdrehen können.

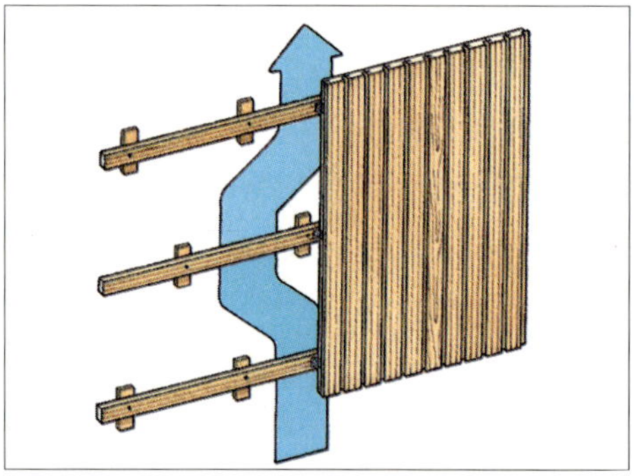

Bei senkrechter Verbretterung wird eine waagerechte Unterlattung mit Distanzklötzchen zur besseren Hinterlüftung angebracht.

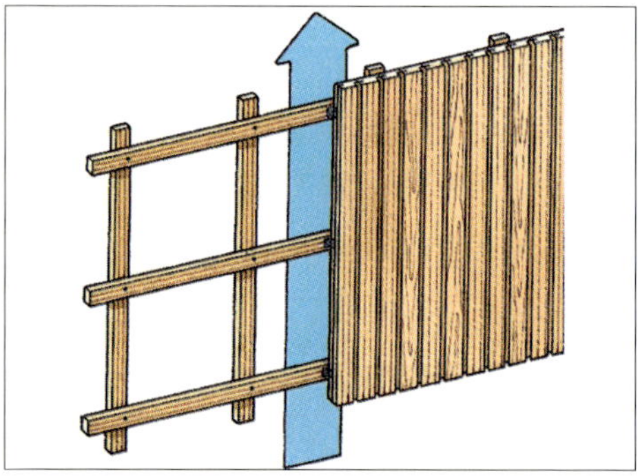

Eine Konterlattung mit einer zweiten Lage von Latten verbessert die Hinterlüftung der Verkleidung mit Brettern oder Paneelen.

Konterlatten und Eckanschlüsse

Eine Hinterlattung ist stets im rechten Winkel zur eigentlichen Wandverkleidung anzuordnen. Bei senkrecht angeordneten Brettern sind die Latten dahinter also waagerecht an die Wand zu schrauben. Das würde allerdings die Hinterlüftung unterbinden, der Luftaustausch bliebe zwischen den Latten sozusagen gefangen. Hier schafft eine Konterlattung Abhilfe: Auf der Wand wird zunächst eine Reihe senkrecht angeordneter Latten befestigt und davor die waagerechten Latten, auf denen die Bretter oder Paneele befestigt werden. Statt langer, vom Boden bis zur Decke reichender Latten kann man auch kurze Lattenstücke, versetzt angeordnet, montieren.
In beiden Fällen kann nun der Luftaustausch von unten nach oben ungehindert stattfinden.
Wer zwei benachbarte Wände oder gleich alle vier Wände eines Zimmers mit Holz verkleiden will, hat, solange die Erfahrung noch fehlt, das Problem, wie die Eckanschlüsse sauber hergestellt werden. Am wenigsten Mühe hat man mit Innenecken. Bei senkrechter Beplankung wird das letzte Brett der ersten Wand zugeschnitten, so daß bis zur Unterlattung der nächsten Wand noch genau für ein Brett Platz ist. Beim ersten Brett der zweiten Wand wird die Feder abgesägt: Dann können beide Bretter stumpf gegeneinandergenagelt werden. Beide Bretter werden in einem Arbeitsgang, als zusammenhängender Winkel, in die Lücke gesteckt.
Bei einer Wandverkleidung mit horizontaler Anordnung werden die Bretter der zweiten Wand stumpf abgeschnitten und mit möglichst schmaler Fuge auf die Unterlattung genagelt.

***Bei vertikaler Beplanung** setzt man das letzte Brett der ersten und das erste Brett der zweiten Wand in einem Arbeitsgang ein. Beide Bretter sind schon miteinander verbunden.*

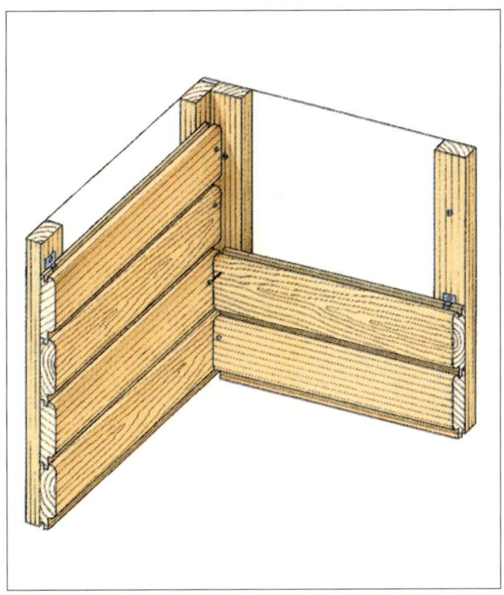

***Bei horizontaler Beplankung** stoßen die Bretter der zweiten Wand stumpf gegen die Verkleidung der ersten Wand. Die Fugen sind im Idealfall sehr schmal und gleich breit.*

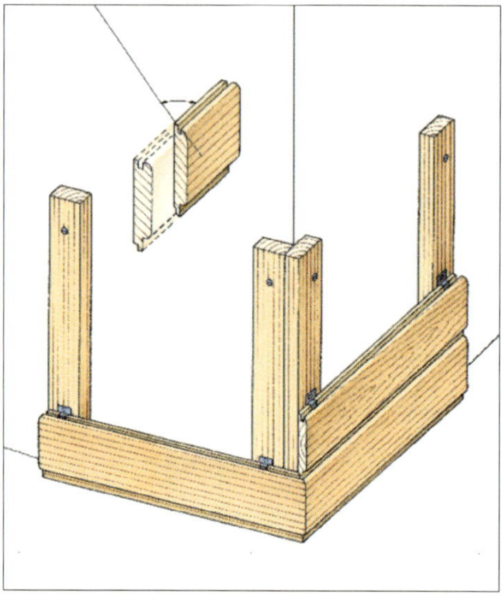

Außenecken einer horizontalen Beplankung machen viel Arbeit: Alle Enden der Profilbretter sind auf Gehrung zusammenzufügen. Die Sägeschnitte müssen besonders exakt sein.

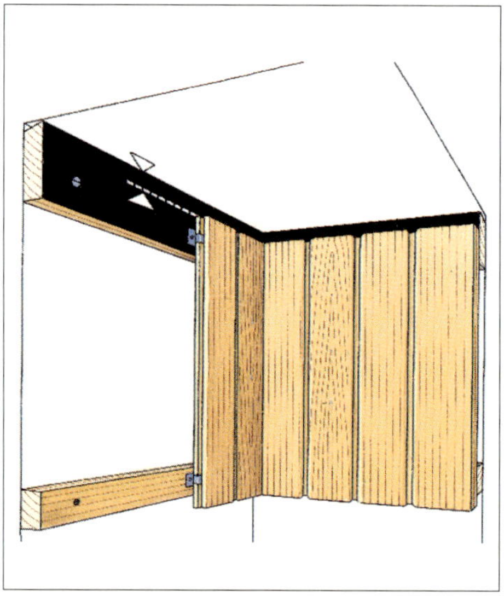

Schattenfugen an der Decke oder an den Seitenkanten fallen markanter aus, wenn sie mit einem dunkel gestrichenen Brett oder Hartfaserstreifen unterlegt werden.

Hilfe bei den „Problemzonen"

Außenecken einer Holzverschalung mit waagerecht verlaufenden Brettern sind sozusagen Problembereiche erster Güte. Denn hier müssen sämtliche Bretter mit einem 45°-Winkel abgelängt werden. Die Sägeschnitte müssen exakt erfolgen, damit nachher ein gleichmäßiges Fugenbild entsteht.

Bei senkrecht angeordneten Brettern ist die Lösung einfacher. Die in den Ecken stehenden Bretter werden so auf Breite geschnitten, daß sie stumpf zusammentreffen.

Wer am Deckenanschluß die Wandverkleidung mit einer Schattenfuge abschließen will, montiert auf der Wand ein dunkel gestrichenes Glattkantbrett (oder einen Streifen dunkel gestrichene Hartfaserplatte) und längt die Profilbretter nun so ab, daß eine etwa 2 cm breite Fuge entsteht. Eine solche Fuge ist durch den dunklen Hintergrund markanter als ein Abschluß mit hellem Wandhintergrund.

Ähnlich kann natürlich auch mit den seitlichen Abschlüssen einer Wandverkleidung verfahren werden: An den Seitenkanten der Wand werden dunkel gestrichene Glattkantbretter oder Hartfaserstreifen befestigt, ehe die Bretter montiert werden. Soll die Verkleidung dicht an die beiden Nachbarwände anschließen, dann muß man am ersten und letzten Brett die Außenkanten dem nicht immer schnurgeraden Wandverlauf anpassen. Ein bewährter Trick ist: das vorgesehene erste Brett mit etwas Abstand zur Seitenwand an die Unterlattung heften und mit Bleistift und schmalem Klotz den Wandverlauf anzeichnen. Das letzte Brett dagegen wird auf das vorletzte geheftet; als Distanzklotz dient hier ein Brettabschnitt ohne Feder.

perfekte Arbeit machen zu können.

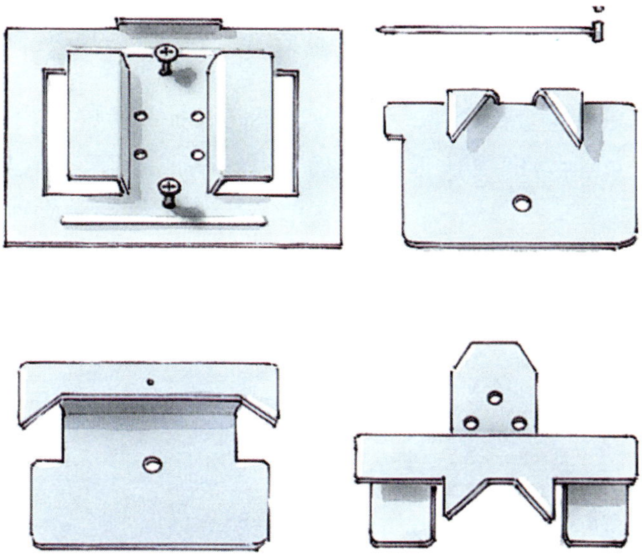

Die Befestigungskrallen für Profilbretter und Paneele sehen ganz unterschiedlich aus und werden für verschiedene Anwendungen eingesetzt. Sie müssen in der Höhe auf die Dicke der verwendeten Bretter bzw. Paneele abgestimmt werden. Die Krallen werden festgenagelt oder geschraubt.

Die einfachste Methode, Profilbretter oder Paneele an der Unterkonstruktion zu befestigen, wäre, sie von vorn, durch die Oberfläche festzunageln. Allerdings ist das keine besonders elegante Technik.
Es gibt zwar farbige Nägel (Colour Pins), aber die könnten von der Holzfarbe abweichen.
Ungleich eleganter ist es deshalb, das Holz mit Hilfe von Befestigungskrallen mit der Unterkonstruktion zu verbinden. Diese Krallen greifen in die Nut an der Längsseite der Bretter und Paneele, sie verschwinden deshalb hinter der Feder des nächsten Bretts bzw. hinter der zwischen zwei Paneele lose eingesteckten Feder. Die Krallen werden mit Nägeln befestigt, die man mit Hilfe eines Magnetnaglers ansetzt und ins Holz der Unterlattung eintreibt. Einige Krallen werden auch mit Schrauben befestigt. Die Verpackung zeigt, ob Nägel oder Schrauben zu verwenden sind.

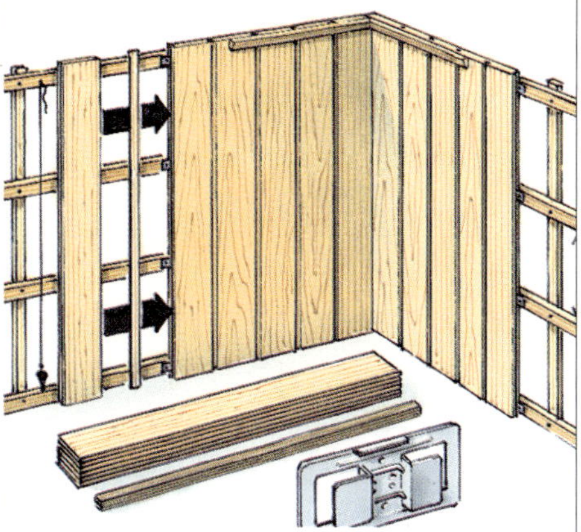

Bei Paneelen mit losen Federn *wird an Innen- oder Außenecken stets zuerst ein ganzes Brett montiert, wenn die Verkleidung über zwei Wände angelegt ist.*

Ein Klopfholz in Form eines Brettabschnitts hilft dabei, die Profilbretter ohne Beschädigung ineinanderzutreiben. Es wird mit seiner Feder in die Nut des letzten Bretts eingesetzt.

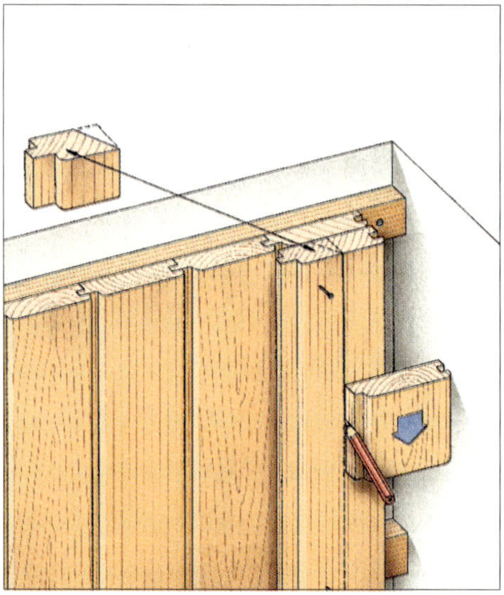

Wandunebenheiten können so exakt auf dem letzten Brett angezeichnet werden. Als Distanzstück dient ein kurzer Brettabschnitt, an dem die Feder abgetrennt worden ist.

Für Steckdosen und Schalter

Die Holzbeplankung verlegt die Wandfläche um die Dicke der Unterlattung (eventuell plus Konterlattung) und der Profilbretter oder Paneele weiter in den Raum. Das bedeutet, daß Steckdosen und Schalter nicht nur aus der gemauerten Wand in die Wandverkleidung nach vorn verlegt, sondern daß auch neue Hohlraumdosen eingesetzt werden müssen. Damit können aber auch zusätzliche Elektroanschlüsse (seien es Steckdosen oder Schalter) eingebaut werden. Es sollte in jedem Fall ein Elektriker hinzugezogen werden, ehe man mit den Vorarbeiten für die Wandverkleidung beginnt. Er kann dann auf der Wand den Verlauf der neuen Leitungen von der Verteilerdose zur gewünschten Position des neuen Anschlusses anzeichnen oder besser noch: gleich die erforderliche Zuleitung verlegen (auch wenn man ihn später noch einmal braucht, damit er den Schalter oder die Steckdose mit dieser neuen Leitung verbindet).

An der Stelle, an der ein vorhandener Anschluß nach vorn verlegt oder eine zusätzliche Steckdose oder ein neuer Schalter installiert werden soll, sind an der Wand zusätzlich zur Unterlattung jeweils zwei Lattenstücke zu befestigen.

An ihnen wird die Hohlraumdose verkrallt. Die Lattenteile geben den Brettern bzw. Paneelen besseren Halt, so daß die Elektroinstallation sicher befestigt ist.

Das Brett oder Paneel über der Hohlraumdose wird zunächst lose mit dem vorher montierten Teil zusammengesteckt, damit die genaue Position des zu bohrenden Lochs angezeichnet werden kann. Es wird dann mit einer Lochsäge passend aus dem Brett ausgesägt.

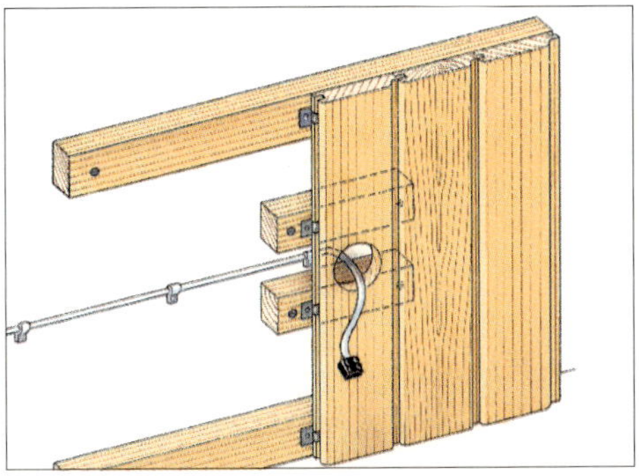

Unterschiedliche Krallen erleichtern die Befestigung von Brettern und Paneelen. Paneelkrallen (oben links) werden geschraubt, alle anderen Krallen genagelt.

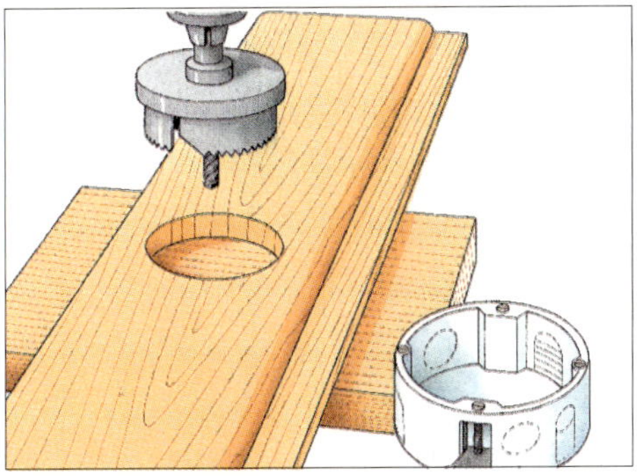

Für die Hohlraumdose wird mit einer Lochsäge ein Kreis in das Profilbrett oder Paneel gesägt. Durchmesser: 65 mm. Es sollte mittig im Brett oder Paneel angeordnet sein.

Eine Deckenverkleidung mit Brettern oder Paneelen wird oft mit Einbauleuchten kombiniert, die heute in aller Regel als Niedervolt-Halogenstrahler gewählt werden. Das bedeutet: Hinter der Deckenverkleidung ist auch der Trafo unterzubringen (in besonderen Fällen sind sogar mehrere Trafos einzusetzen). Da die Trafos in der Regel größer sind als der Raum zwischen Verkleidung und Originaldecke, der sich durch eine einfache Lattenlage ergibt, wird man eine Konterlattung anbringen müssen. Dabei kann auch die auf Seite 16 links unten gezeigte Methode angewendet werden: Die Konterlattung besteht nur aus Distanzklötzen. Dadurch ergibt sich eine noch bessere Hinterlüftung bzw. Entlüftung des Trafos und der Strahler, die bei längerer Betriebszeit viel Hitze entwickeln.

Wenn nicht im Baumarkt, so doch im Leuchtenfachgeschäft gibt es übrigens unterschiedliche Arten von Einbauleuchten: Spots oder Fluter, Effektleuchten und Anschlüsse für Pendelleuchten. Es lohnt sich, einige Zeit für Recherchen zu verwenden, um mit dem Einbau der Deckenverkleidung eine optimale Beleuchtung installieren zu können. Der Vorteil: Die Installation kann unsichtbar hinter der Verbretterung verlegt werden.

Der Anschluß der Steckdose oder des Schalters und dazu die eventuell notwendige Verlegung einer Zuleitung von der nächstgelegenen Verteilerdose sollten, wie schon erwähnt, unbedingt dem Elektriker überlassen werden. Denn eine fehlerhafte Installation kann zu einem Kurzschluß und in Zusammenhang damit zu einem Brand führen, der sich in der Holzverkleidung natürlich schnell ausbreiten kann.

Schattenfugen nachträglich begradigen

Wenn eine Wand- oder Deckenverkleidung mit Schattenfuge verlegt wird, kann man die Bretter vor der Montage akkurat zusägen – man kann auch nachträglich für einen exakten Abschluß sorgen: Mit einer Schattenfugensäge wird die ganze Kante mit einem Schnitt begradigt.

So kommen Profilbretter im

Profilbretter an der Decke des Badezimmers: Richtig behandeltem und verlegtem Holz schadet das nicht.

Bad an Wände und Decke.

Holz kann die Feuchtigkeit im Badezimmer ganz gut ertragen – es muß nur richtig angebracht werden, damit es schnell wieder austrocknen kann.

Dem Badezimmer werden meistens Fliesen als Wandbeläge zugewiesen, weil diese absolut unempfindlich gegen Luftfeuchtigkeit und direkte Nässe sind. Aber Holz ist ebenfalls geeignet, weil es „atmet“: Es wird zwar nicht nur oberflächlich naß, sondern läßt – wenn es nicht wasserabweisend lasiert oder lackiert ist – Wasser eindringen. Das macht nichts, wenn man dem Holz ermöglicht, das Wasser rasch wieder auszudünsten.
Gerade im Badezimmer ist die Hinterlüftung einer Wand- oder Deckenverkleidung außerordentlich wichtig. Achtet man auf eine sachgemäße Montage der Verkleidungen, dann kann das Holz sogar im sogenannten Spritzwasserbereich, direkt hinter der Badewanne und dem Waschbecken, befestigt werden.

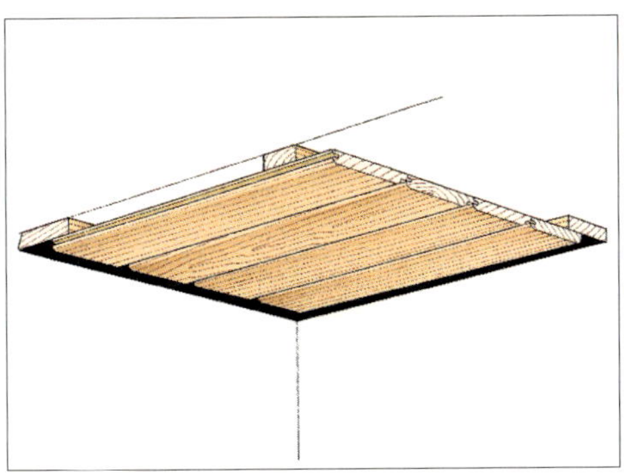

Eine Schattenfuge rings um die Holzdecke sieht nicht nur gut aus, sie ermöglicht auch den Luftaustausch über der Verkleidung.

Die **Profilbretter** müssen atmen können,

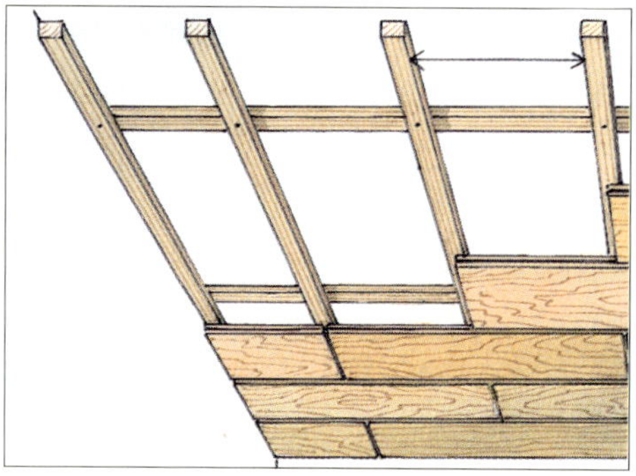

An der Decke werden Bretter und Paneele möglichst nur mit Konterlattung befestigt; das schafft mehr Raum für die Hinterlüftung.

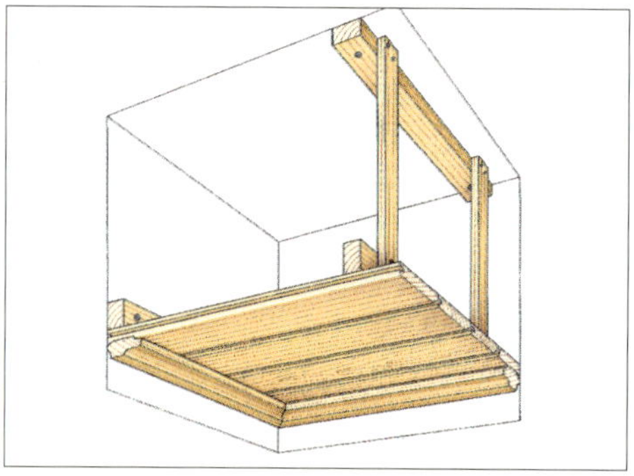

Hohe Altbaubäder können durch eine abgehängte Decke niedriger gemacht und in den Proportionen verbessert werden.

Offenporige Anstriche

Wer in bester Absicht zu handeln glaubt, wenn er das Holz einer Wand- oder Deckenverkleidung im Bad zwei- oder dreimal lackiert, wird bald eine Enttäuschung erleben: Die Lackierung wird weiße oder hellgraue Flecken bekommen, weil auf irgendeine Weise doch Wasser ins Holz eingedrungen ist, das wieder nach außen drängt und dabei die Lackschicht abhebt.
Holz könnte auch ohne jeden Schutzanstrich auskommen, aber besser ist es, man setzt im Bad offenporig lasiertes Holz ein. Auftreffendes Wasser perlt daran zum größten Teil wieder ab; eingedrungene Feuchtigkeit kann leicht wieder austreten, ohne daß dabei die Lasur zerstört wird.
Wichtiger ist der sogenannte konstruktive Holzschutz: Alle Holzflächen müssen gut hinterlüftet sein, sind also mit reichlich Abstand vor Wand und Decke zu montieren. Profilbretter sollen vertikal angeordnet sein. Und: Alle Unterkanten der Bretter müssen abgeschrägt sein, damit das Spritzwasser leicht ablaufen kann.

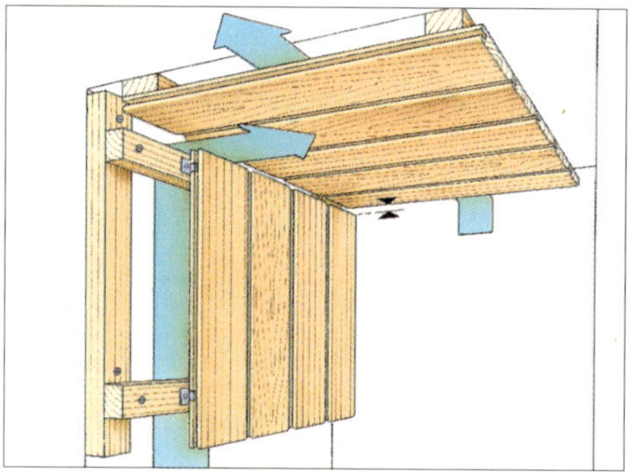

Der Luftspalt zwischen der (als erstes montierten) Deckenverkleidung und der Wandverkleidung soll wenigstens 2 cm breit sein.

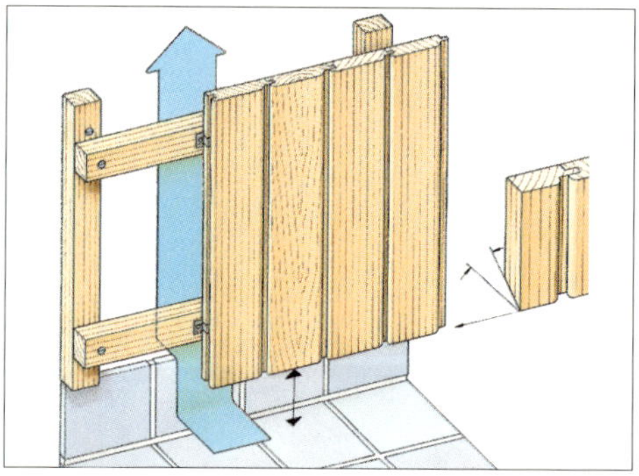

Am Boden stehen die Latten auf den Sockelfliesen, Konterlatten sind 5 cm darüber angebracht. Brettenden sind zu hinterschneiden.

dann wird die Feuchtigkeit nicht schaden.

Der Waschtisch wird auf einer Holzplatte von gleicher Dicke wie die Konterlattung angeschraubt. Schrauben von hinten einstecken.

Die Profilbretter anbringen – und erst dann das Waschbecken. Zum Schutz des Holzes kleine Holzreste an den Schrauben ansetzen.

Am Wannenrand die Querlatte hinterschneiden, die Lücke mit einer Schaumstoffschnur und Silikonmasse wasserdicht ausfüllen.

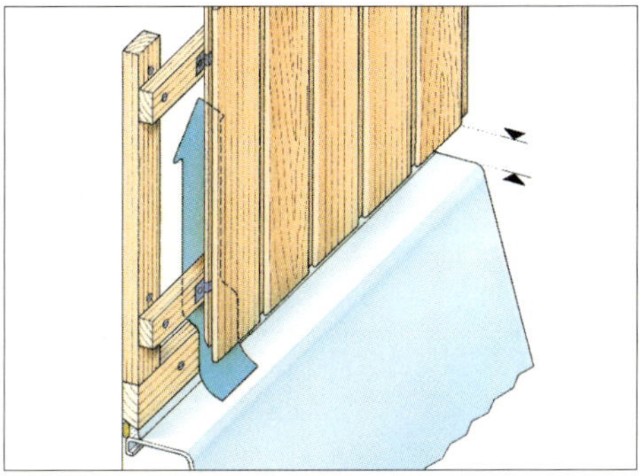

Die Konterlattung sorgt für Hinterlüftung, die unten abgeschrägten Profilbretter halten etwa 4 cm Abstand zum Wannenrand.

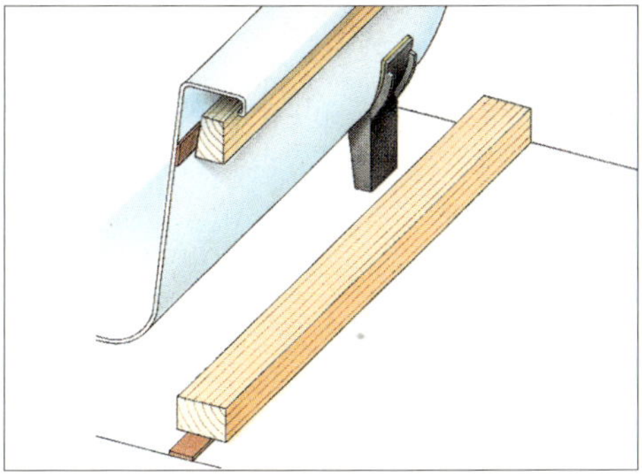

Eine Wannenschürze wird mit zwei Latten vorbereitet. Sie werden mit Montagekleber am Boden und am Wannenrand befestigt.

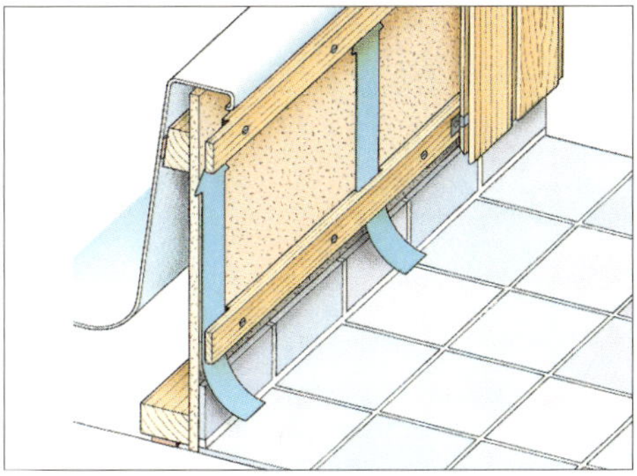

Eine Rigipsplatte anschrauben, darauf die Latten, mit Schlitzen für die Hinterlüftung. Dann Fliesensockel und Bretter ansetzen.

Deckenbalken geben

einem Raum mehr Profil

Halbhohe Wandtäfelung und Deckenverkleidung werden durch Zierbalken gegliedert.

In alten Häusern sind die Balken an der Zimmerdecke Teile der tragenden Konstruktion. In modernen Gebäuden sind sie ein Stück Nostalgie.

Selbstverständlich schätzen wir die Trittschalldämmung einer soliden Betondecke, wir schätzen es auch, daß der Boden eben ist und nicht knarrt oder daß in der Decke jeder Dübel hält, auch wenn eine schwere Last daran hängt. Aber den Beton soll man nicht sehen, und wenn ein Raum besonders behaglich sein soll, dann greift man eben doch zu Holz.
Eine besonders nostalgisch wirkende Form sind Zierbalken, die in einem modernen Bau natürlich keinerlei Funktion haben – außer der, daß sie zusammen mit Profilbrettern an der Decke oder auch an der Wand einem Raum Atmosphäre und den Charakter eines Landhauses geben sollen. Dabei handelt es sich um keine massiven Balken, sondern um hohle „Rinnen“, die um einiges leichter und demzufolge auch viel einfacher zu handhaben sind.
Auch wenn dazu ein Helfer nötig ist.

Holzlasuren, mit denen auch Zierbalken behandelt werden, gibt es in vielen Farbtönen.

Winkelgerecht müssen die Balken abgelängt werden, denn die Konsolen verdecken später nur eine der drei Schnittkanten. In die Säge muß ein Spanreißschutz eingesetzt werden.

Eine Montagehilfe für die Balken und die Profilbretter sind Tischlerplattenstreifen, die breiter als die Balken sind und durch die die Befestigungsschrauben führen.

Vier Hände sind besser als zwei

Nur den Bruchteil des Gewichts eines massiven Balkens wiegen diese Zierbalken, aber man hat dennoch die Last dreier Bretter in der Hand. Und deshalb ist es schon wichtig, daß eine zweite Person bei der Arbeit hilft.
Die Balken sind wie Hohlrinnen aus drei massiven Fichten- oder Kiefernbrettern zusammengesetzt. Man kauft sie unbehandelt und lasiert sie vor dem Einbau im gewünschten Farbton (ein Holzschutzanstrich ist natürlich nicht nötig).
Als Montagehilfe für die Balken und die Profilbretter in den Gefachen zwischen den Balken werden auf der offenen Seite 16 mm dicke Tischlerplattenstreifen befestigt, die etwa 10 cm breiter als die Balken sind. Diese Streifen werden vorher dunkel gestrichen, so daß sich später eine markante Schattenfuge zwischen Balken und Deckenverkleidung ergibt.
Die Balken werden in den Abständen, die eine gleichmäßige Unterteilung der Decke ergeben, an die Decke geschraubt. Dann können die Felder zwischen den Balken mit den Profilbrettern gefüllt werden. Befestigt werden die Bretter mit den üblichen Krallen, die in die Nuten greifen und in die schmalen Plattenstreifen neben den Balken genagelt werden.
Eine gute Hilfe beim gleichmäßigen Befestigen der Profilbretter, die exakt abgelängt sein müssen, stellen kurze Brettabschnitte dar, die man mit Schraubzwingen an den Flanken der Balken festklemmt und die nun dafür sorgen, daß die Schattenfuge schön gleichmäßig ausfällt. Dabei muß man darauf achten, daß die Bretter genau rechtwinklig zu den Balken befestigt werden, sonst wird der Rand eine Zackenleiste.

darum leicht zu handhaben.

Die Konsolen *werden vor der Montage der Balken fest mit diesen verleimt – und sie müssen natürlich so befestigt sein, daß sie nachher exakt an den Wänden anliegen.*

Dekowachs oder Lasur *gibt dem Holz einen intensiveren Farbton. Nach Auftrocknen des Wachses kann man mit einem Schleifkissen nachpolieren und so für Glanz sorgen.*

Abstandhalter *aus Brettabschnitten zeigen an, wo die Balken befestigt werden müssen. Wegen der Schattenfugen sind gleichmäßige Abstände zwischen den Balken unerläßlich.*

Per Durchsteckmontage *werden die Balken durch die Randstreifen mit Dübeln und Schrauben an der Decke montiert. Der Helfer kontrolliert die richtige Position der Balken.*

Brettstücke an den Balkenflanken sorgen dafür, daß die Schattenfuge bei allen Brettern gleich breit ausfällt. Auf rechtwinkligen Einbau der Bretter muß man selbst achten.

Der erste Balken wird mit etwas Abstand zur Fensterwand montiert; dahinter bekommt man Platz für die Gardinenschiene, die so gut versteckt ist.

Balken und Bretter an der Wand

In der echten Landhausarchitektur würde man eine solche Art der Wandverkleidung zwar nicht finden, aber das Foto auf Seite 26 zeigt, daß ein derartiger „Stilbruch" der Wirkung wegen hingenommen werden kann.
Die halbhohe Täfelung wird genauso wie die Deckenverkleidung konstruiert und montiert. Auch hier werden also an die Balken Streifen von (zuvor dunkel gestrichener) Tischlerplatte geschraubt, die als Montagehilfen für die Balken wie die Profilbretter dienen.
Im Unterschied zu den Deckenbalken werden hier keine Konsolen verwendet, und den oberen Abschluß der Vertäfelung bildet ein Tellerbord. Für dieses Bord werden in ein Brett eine oder zwei Rinnen gefräst, damit die Teller sicheren Halt haben.
Hier ist wie bei der Deckenvertäfelung darauf zu achten, daß die für jedes Feld einzeln eingesetzten Profilbretter waagerecht und unverkantet montiert werden und daß die Fugen auf gleicher Höhe sind.

Profilbretter mit Dekopins annageln

In den Baumärkten gibt es kleine Nägel in verschiedenen Farben, darunter auch welche in holzähnlichen Farben. Mit diesen Pins kann man die Deckenbretter direkt durch die Oberfläche nageln und auf die üblichen Klammern verzichten. Wenn man die Nägelchen gut im Holz versenkt und eventuell noch mit farblich passendem Holzkitt abdeckt, ist die Befestigung so gut wie unsichtbar.

in einem schmalen Tellerbord.

Genau senkrecht unter den Deckenbalken werden die Balken der Wandverkleidung angebracht. Mit Hilfe einer Wasserwaage wird der Stand angezeichnet.

Der Magnetnagler ist eine gute Hilfe, wenn man die Nägel in die Befestigungskrallen einschlägt. Dennoch ist darauf zu achten, daß man das Holz nicht beschädigt.

Abstandhalter, die an die Balken geklemmt werden, zeigen an, daß die Schattenfugen zwischen Brettern und Balken gleich breit (wie an der Decke) ausfallen.

Für den oberen Abschluß sind unter Umständen die letzten Bretter abzusägen, so daß sie mit den Balken abschließen. Darauf schraubt man dann ein Brett mit Tellerhalterrinnen.

Nie war die Auswahl an Brettern für Wand- und Deckenverkleidungen so groß wie heute: Es werden viele Profile und Holzsorten angeboten.

Im Schaufenster:

In den Baumärkten und Holzhandlungen fällt die Wahl schwer – wenn man sich nicht schon vorher für ein bestimmtes Holz entschieden hat. Hier eine Auswahl: ***1*** *Kiefer mit Acrylbeschichtung.* ***2*** *Unbehandelte Rot-Zeder.* ***3*** *Fichte mit transparenter Lasur.* ***4*** *Fichte im Landhausprofil, wachsveredelt.* ***5*** *Acrylbeschichtete Rot-Zeder.* ***6*** *Red Pine, wachsveredelt.* ***7*** *Fichte,* ***8*** *Hemlock, beide weiß beschichtet.* ***9*** *Koto, wachsveredelt.* ***10*** *Erle mit Glanzwachs.* ***11*** *Hemlock, wachsveredelt.* ***12*** *Red Cedar,* ***13*** *Hemlock weiß,* ***14*** *Hemlock, alle drei mit Acrylbeschichtung.* ***15*** *und* ***16*** *Weiß lasiertes Eschenfurnier auf Fichtenholz-Kern.* ***17*** *Esche natur,* ***18*** *Eiche natur, beide als Furnier auf Fichtenholzkern. Für die Gestaltung rustikaler Holzdecken gibt es auch Dekobalken mit verschiedenen Oberflächen.*

Bretter über Bretter

Wandverkleidung mit

Ein typisches, sehr heimeliges Element ländlichen Wohnstils ist die Kassettentäfelung, die hier mit einer Eckbank kombiniert ist.

Kassetten im Landhausstil

Ein typisches Element alter Land- und Bauernhäuser kann auch die Stadtwohnung behaglich machen: die Kassettentäfelung

Wer meint, Wohnen im Landhausstil sei nur in einem herrschaftlichen Gebäude draußen vor der Stadt oder in einem teuer umgebauten Bauernhaus möglich, könnte mit dem hier gezeigten Beispiel eines Besseren belehrt werden. Nicht nur im Eigenheim in der Stadt, auch in der Mietwohnung läßt sich dieser rustikal-behagliche Wohnstil verwirklichen. Die Zutaten dafür gibt es im Baumarkt oder in der Holzhandlung. Besonders Vorsichtige können die halbhohe Täfelung so montieren, daß sie sich bei einem Auszug ohne Beschädigung der Wände aus der gemieteten Wohnung abnehmen und an anderer Stelle neu anbringen läßt. Denn wer einmal so gemütlich gewohnt hat, wird dies auch in einer neuen Wohnung nicht missen wollen.

Leisten mit unterschiedlichen Profilen, beidseitig gehobelte Glattkantbretter und furnierte Spanplatten: Daraus entsteht die Täfelung.

Auch **Kassetten** in nur halber Wandhöhe

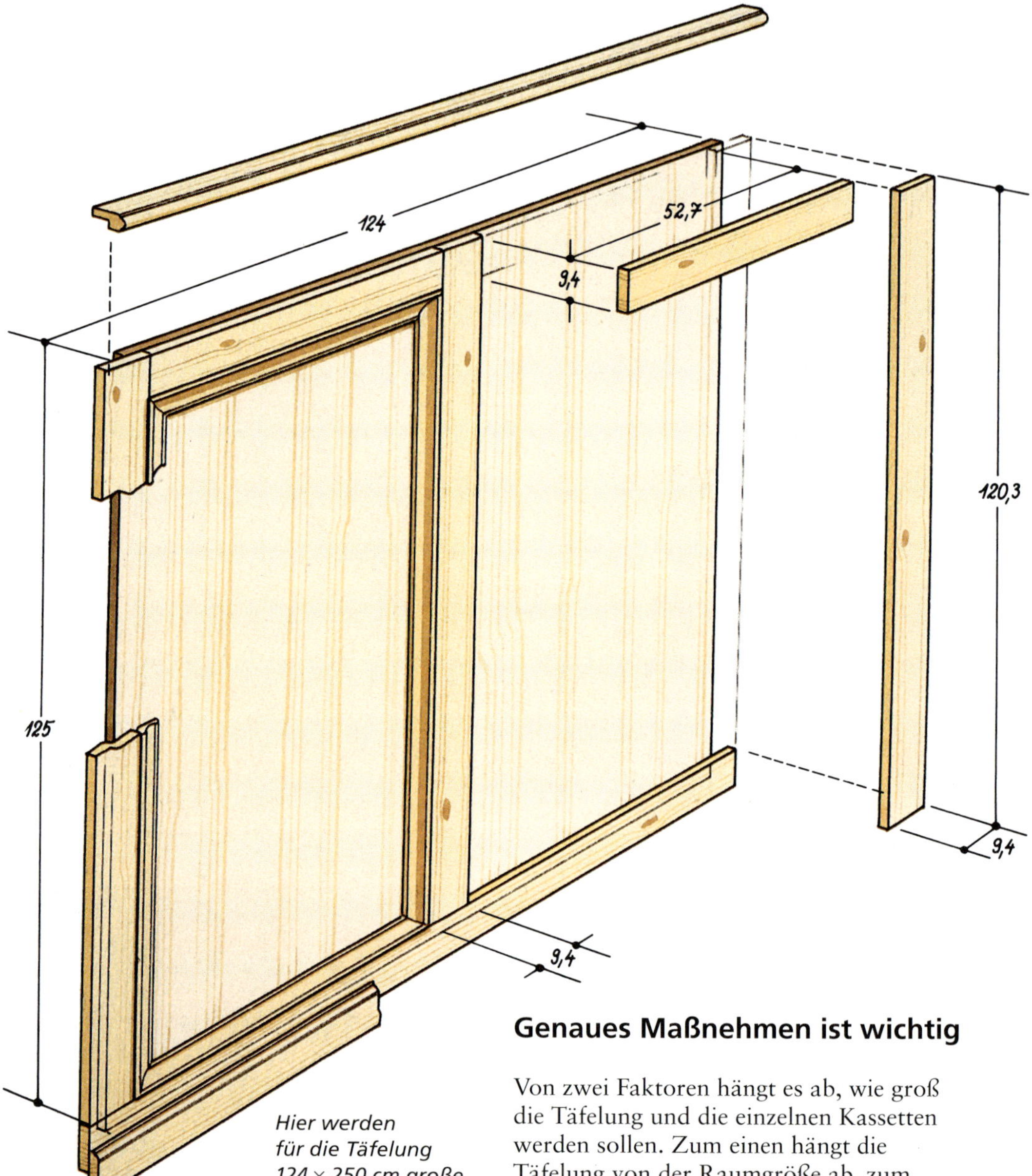

Hier werden für die Täfelung 124 × 250 cm große Spanplatten genau in der Mitte geteilt; dabei fällt überhaupt kein Verschnitt an.

Genaues Maßnehmen ist wichtig

Von zwei Faktoren hängt es ab, wie groß die Täfelung und die einzelnen Kassetten werden sollen. Zum einen hängt die Täfelung von der Raumgröße ab, zum andern wird man das Maß der Kassetten auf die Größe der Platten abstimmen, mit denen die Kassetten gefüllt werden: Von den Platten sollte sowenig Verschnitt wie möglich abfallen. Denn die furnierten Spanplatten (19 mm dick) sind nicht gerade billig ...

Als erstes werden Spanplatten mit je drei Dübeln und Schrauben pro Längskante an die Wand geschraubt. Auf diesen Platten wird anschließend die Täfelung aufgebaut.

Glattkantbretter mit dem Maß 18 × 94 mm werden als Fußleisten und senkrechte Teilungen (über den Plattenstößen) der Kassetten auf die Trägerplatten geleimt oder gestiftet.

In den Ecken werden der Länge nach halbierte Bretter eingesetzt; als oberen Abschluß leimt und stiftet man dann genau eingepaßte Bretter zwischen die senkrechten Bretter.

Unsichtbar bleibt die Befestigung, wenn man die Drahtstifte schräg durch die Brettwangen in die Trägerplatten treibt. Die Köpfe der Stifte werden gut ins Holz versenkt.

Sockelleisten schließen die Lücke zwischen der Fußleiste der Täfelung und dem Bodenbelag (hier stilvollerweise ein Dielenboden). Es genügt, die Leiste nur anzustiften.

Die Inneneckleisten sind genau auf Gehrung zuzuschneiden und mit ganz dicht schließenden Fugen in die Kassettenfelder einzusetzen. Sie sind der stilvolle Rahmen der Kassetten.

Eine Gehrungssäge hilft

Der langwierigste Teil beim Auf- und Einbau einer Kassettentäfelung ist das genaue Ablängen der Profilleisten, mit denen die Kassetten eingerahmt werden. Denn diese Leisten müssen exakt eingepaßt werden, damit die Gehrungsfugen möglichst dicht schließen (daß sie sich später, wenn das Holz arbeitet, wieder etwas öffnen, ist eine andere Sache ...).
Auch wenn vorher die senkrechten und waagerechten Bretter für die Unterteilung der Kassetten genau gesetzt worden sind: Man sollte sich nicht auf das rechnerische Maß für die Profilleisten verlassen, sondern jedes Stück einzeln einmessen. Und das Zuschneiden wird natürlich auch nicht per Augenmaß oder durch einen mit dem Geodreieck aufgezeichneten 45°-Winkel besorgt: Hier kann nur mit Hilfe einer fest einstellbaren Gehrungssäge exakt genug gearbeitet werden.
Diese Inneneckleisten werden dann in die Kassettenfelder eingeleimt und mit je zwei, drei Drahtstiften fixiert. Die Stifte werden gut versenkt; mit einem Tropfen heißen Wassers kann man das Holz über den Stiften wieder aufquellen lassen und die Löcher nahezu vollkommen schließen.
Den oberen Abschluß der Täfelung bildet dann eine breite Leiste, deren vordere Schmalseite halbrund gefräst sein sollte. An dieser Kante wird man öfter mal anstoßen, und dann macht sich die Rundung weniger schmerzhaft bemerkbar als eine rechtwinklige Kante.
Will man übrigens eine Eckbank mit einer solchen Kassettentäfelung kombieren, dann genügt es, im Bereich der Eckbank nur eine Reihe Kassetten vorzusehen, in der Höhe bündig mit der übrigen Täfelung rechts und links von der Bank.

genau eingepaßt werden.

Den oberen Abschluß bildet eine Kranzleiste mit einer gerundeten Vorderkante. Die Leiste wird mit Leim und Drahstiften befestigt, die gut versenkt werden müssen.

Sind Einbaumöbel vorgesehen, wie etwa eine Eckbank, kann viel Material gespart werden, wenn nur über der Bank Kassetten angeordnet sind und die Wand darunter leer bleibt.

Das ist der Aufbau der Täfelung. Auf einer furnierten Spanplatte sind die Bretter, die die Gefache bilden, und die Inneneckleisten befestigt. Eine Profilleiste ist krönender Abschluß.

Grobkörniger Putz an der nicht vertäfelten Wandfläche und eine Holzverkleidung an der Decke sind stilvolle Ergänzung der Vertäfelung (siehe dazu Seite 54).

Im Schaufenster: Paneele

Sie haben den Charme von Holz, bieten eine pflegeleichte Oberfläche und bleiben gut in Form: Paneele sind die etwas anderen Profilbretter.

Weil sie nur an der Oberfläche den schönen Schein gewachsenen Holzes bieten, wurden Paneele anfangs von Puristen scheel angesehen. Inzwischen aber haben sich diese Bauelemente durchgesetzt, dank bemerkenswerter Vorteile.
Da sie nur ein dünnes Deckfurnier aufweisen, wird nicht so viel edles Holz verbraucht. Die Trägerschicht ist Spanplatte aus weniger wertvollem Holz. Spanplatte kann sich nicht werfen und schrumpft nicht. Darum bleiben Paneele immer gut in Form. Da bei fast allen Produkten Spanplatte der Emissionsklasse E 1 verwendet wird, muß man nicht mit gesundheitlichen Beeinträchtigungen rechnen. Beide Längskanten und meist auch noch die kurzen Querkanten der Paneele sind genutet. Die Paneele werden durch Federn miteinander verbunden, deren Oberflächen aus dem gleichen Material wie die Paneele selbst bestehen. So etwa aus strapazierfähigem Dekorfilm, der die Maserung täuschend echt wiedergibt.
Das Foto zeigt Echtholzpaneele Natur oder gefärbt mit Deckfurnier aus Buche (16), Eiche (3, 6, 7, 13, 21), Esche (12, 15, 19, 20, 22), Fineline (14), Kirsche (23), Koto (5), Muratinga (4) und Paneele mit melaminharzbeschichteten Oberflächen in verschiedenen Dekoren:
1 Föhre, 2 Eiche, 8 Esche grau, 9 Esche dunkelgrau, 10 Esche alufarben, 11 Esche cremeweiß, 17 Eiche Natur und 18 weiße Dekorfolie auf wasserfester Spanplatte.

für Wände und Decken

Paneele aus Ahorn –

„Ahorn sherry" nennt der Hersteller diese 25 cm breiten, lasierten Paneele, die hier im Fischgrätmuster verlegt sind.

musterhaft verlegt

Einen Raum ringsum mit Paneelen zu verkleiden ist nicht jedermanns Sache – und ziemlich teuer. Eine Wand mit Holz zu verkleiden reicht bisweilen auch.

Weniger ist manchmal mehr. Das kann auch der beherzigen, der sich für seinen Wohnraum holzverkleidete Wände wünscht. Man kann alle vier Wände verkleiden, man kann sich auf zwei Wände beschränken: Es ist aber keineswegs eine ärmliche Lösung, nur eine Wand mit Holz zu verkleiden. Im Gegenteil: Das Foto links zeigt zwar nur die eine holzverkleidete Wand, aber man sieht, daß schon diese eine Fläche den Raum beherrschen kann. Man wird nicht leugnen, daß diese Holzfläche mit dem warmen Farbton für eine elegante und zugleich behagliche Stimmung in diesem Wohnraum sorgt.
Das liegt zum einen an dem verwendeten Holz. Es sind Paneele aus Ahorn mit einer kirschbaumfarbenen Lasur. Zum anderen wird die Wirkung der Holzverkleidung durch das markante Fischgrätmuster erreicht, das die Wand lebendiger erscheinen läßt als das übliche Bild von waagerecht oder senkrecht angeordneten Brettern oder Paneelen.
Für diese Art der Verlegung sollte man nur Paneele oder Bretter aus einer Holzart auswählen, die ein relativ ruhiges Furnierbild zeigt (wie das bei anspruchsvolleren Qualitäten geboten wird). Lebhafter gemasertes Holz (oder Paneele mit Dekorschicht) würden das Fischgrätmuster beeinträchtigen, weil sie das interessante Auf und Ab der Fugen nicht so zur Geltung kommen lassen, wie das bei dem hier gewählten Material der Fall ist.

Die Unterkonstruktion besteht aus 30 cm breiten Spanplattenstreifen, die unter den vorgesehenen senkrechten Fugen zwischen den Paneelen an die Wand geschraubt werden.

Ein Fräs- und Sägetisch ist unentbehrlich, damit die Schnitte absolut winkelgenau gemacht werden können. Die Säge ist mit einem feinzahnigen Sägeblatt bestückt.

Eine Vorausskizze hilft viel

Wie eine Wandvertäfelung mit senkrecht oder waagerecht verlaufenden Brettern oder Paneelen wirkt, kann sich jeder vorstellen. Ein Fischgrätmuster ist eine andere Sache. Wer ein solches Muster plant, tut gut daran, sich vorher mit einer möglichst großen und maßstabsgetreuen Zeichnung der Wand eine Vorstellung davon zu verschaffen, wie dieses Muster mit schmäleren Paneelen – und entsprechend mehr Fugen – oder mit breiteren Paneelen – und weniger Fugen – wirkt. Denn Paneele gibt es in Breiten von 12,5 bis 33,5 cm. Je breiter die Paneele gewählt werden, desto weniger auf und ab verlaufende Linien gliedern die Wand; desto ruhiger wird selbst dieses Zickzackmuster wirken.

Die breiten Paneele bieten einen nicht zu unterschätzenden Vorteil: Es sind weniger Einzelteile zuzurichten, und deshalb kommt man mit dieser Arbeit auch etwas schneller voran.

Es bleibt dennoch genug zu tun, denn es sind immer noch eine Menge Paneele zu sägen. Und weil die Sägeschnitte mit äußerster Präzision gesetzt werden müssen, vergeht doch noch einige Zeit, bis das letzte Paneel montiert werden kann.

Eine gute Hilfe ist ein Fräs- und Sägetisch, auf dem die Handkreissäge genau geführt werden kann. Dies gilt übrigens nicht nur für die Paneele: Auch die Federn müssen winklig beschnitten werden. In der Säge sollte ein feinzahniges hartmetallbestücktes Wechselzahnblatt eingesetzt werden, damit die Schnitte sauber ausfallen und das Furnier (oder bei einfacheren Paneelen: die Papierschicht) nicht ausreißt. Denn dann würde zuviel (bei edlem Furnier: teuer bezahlter) Verschnitt anfallen.

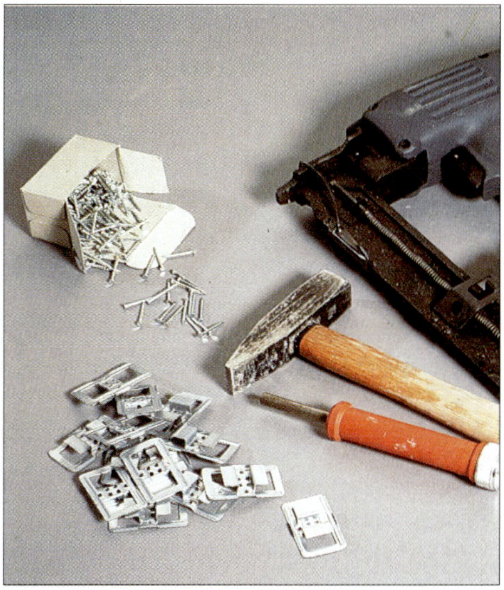

Die Krallen *werden entweder mit Nägeln befestigt (dabei immer einen Nagler verwenden) oder – was einfacher und schneller geht – mit dem Tacker arbeiten.*

An der Mittellinie *einer Spanplatte der Unterkonstruktion wird das erste Paneel ausgerichtet. Dabei sind Aluwinkel samt Wasserwaage unentbehrliche Hilfsmittel.*

Der Aluwinkel *wird angeheftet, damit die einzelnen Paneele genau eingepaßt werden können und dabei nicht wegrutschen (das kann trotz der Krallen passieren).*

Die Paßstücke *am Fuß- und Kopfende jedes Segments müssen präzise eingemessen werden. Hierfür die Stücke von einem ungeteilten Paneel absägen.*

Im zweiten Segment wird das erste Paneel mit Hilfe des Aluwinkels als Abstandhalter eingepaßt. Jetzt zeigt sich, ob die Winkel an den Schnittkanten genau 45° ausmachen ...

So akkurat müssen sich die senkrechten „Nähte" zwischen den einzelnen Segmenten des Fischgrätmusters darstellen. Dazu müssen aber auch die schrägen Fugen parallel sein.

Geduld und Umsicht sind nötig

Der handwerkliche Aufwand ist nicht zu unterschätzen, denn am Ende soll sich das Fischgrätmuster mit akkurat verlaufenden senkrechten Fugen zwischen den Zickzacklinien darstellen – und das wird nur erreicht, wenn die einzelnen Paneele auf den Millimeter genau abgelängt werden (für den genauen Winkelschnitt bei allen Teilen sorgt die exakt eingestellte Führung der Säge auf dem Sägetisch).

Die hier verwendeten Paneele sind 258 cm lang. Sie wurden an beiden Enden im Winkel von 45° beschnitten und dann noch genau in der Mitte mit einem 45°-Schnitt geteilt. Pro Paneel fallen deshalb zunächst nur zwei Dreiecke mit einem Schenkelmaß von 25 cm als Verschnitt an. Etwas mehr Verschnitt gibt es dann aber doch, wenn die Teile für Fuß- und Kopfende jedes Segments einzupassen und abzulängen sind.

Die ganze Wandverkleidung kann gegen Decke und Nachbarwände durch Schattenfugen abgesetzt werden. In dem hier gezeigten Fall wurde an die Nachbarwände dicht angeschlossen; am Fuß wie am Deckenanschluß sind Leisten angebracht, die sich an den anderen drei Wänden fortsetzen. Zumindest die auffällige Deckenleiste stellt so eine Verbindung zwischen der Holzwand und der übrigen Wandbekleidung her.

Wie erwähnt, gibt es diese Paneele in Längen von 2,58 m. Das reicht, um eine normal hohe Wand auch mit senkrecht angeordneter Vertäfelung zu versehen – für die der Arbeitsaufwand deutlich niedriger ist. Freilich ist das Ergebnis eher „klassisch" zu nennen und nicht so aufregend und raumbeherrschend wie das hier gezeigte Fischgrätmuster.

perfekte Wirkung des Fischgrätmusters.

***Die Fußleisten** einiger Paneelsysteme werden auf Klammern gesteckt, die an der Wand befestigt sind. Hinter den Leisten können Kabel versteckt werden.*

***In vielen Holzarten** werden diese Paneele angeboten, so daß sehr unterschiedliche Farbstimmungen und -kombinationen in einem Raum realisiert werden können.*

***Die „klassische" Art,** Paneele zu montieren, ist die senkrechte Anordnung. Sie ist natürlich um einiges leichter zu realisieren als die Verlegung im Fischgrätmuster.*

***Ein ruhiges Furnierbild** der verwendeten Holzart läßt ein Fischgrätmuster nicht aufdringlich wirken. Man kann davor auch gut Möbel mit ausdrucksvollem Design aufstellen.*

Eleganter Akzent für den

Raum durch edle Paneele

Dieser Wohn-Eßraum zeigt, daß auch eine nur teilweise mit Paneelen verkleidete Wand der beherrschende Blickfang und Akzent in einem Raum sein kann.

Auf den vorhergehenden Seiten ist das ungewöhnliche Verlegemuster der Paneele der Blickfang. Hier ist eine andere Lösung für eine gewissermaßen „sparsame" – und dennoch unübersehbare und auffällige – Wandverkleidung mit Paneelen zu sehen. Lediglich fünf je 33,3 cm breite Paneele verkleiden einen Teil der hier sichtbaren, aber auch der gegenüberliegenden Wand. Und beide Holzflächen an den Wänden sind durch ein Paneelband an der Decke miteinander verbunden.
Das Furnier auf den Paneelen ist Anigre, ein unserem Kirschbaum ähnliches afrikanisches Holz mit einer sehr warmen Farbe, die hier einen schönen Kontrast zum zartgrauen Anstrich der Wände und zu den blinkenden Materialien der Möbel bildet – und sogar die sehr kühle Farbe des Vorhangs mildert.
Die auf den ersten Blick vielleicht etwas extravagante Idee, die beiden Wandpaneele durch eine Art Dach miteinander zu verbinden, bietet einen praktischen Nutzen: In der mit einigem Abstand unter der Zimmerdecke montierten Verkleidung ist die Beleuchtung für den Eßtisch installiert. Es sind mehrere Niedervolt-Halogenstrahler in die zweite Decke eingesetzt. Diese Strahler brauchen weniger Bauhöhe als herkömmliche Strahler, so daß die Paneele mit sehr geringem Abstand zur Decke montiert werden können. Den seitlichen Abschluß der Wand- und Deckenpaneele bilden Spezialleisten.

Die **Deckenpaneele** werden nicht viel

__Das Lattengerüst__ besteht aus zwei Lattenlagen. Dies bietet ausreichend Bauhöhe für die Niedervolt-Halogenleuchten, die den Eßtisch darunter beleuchten sollen.

Unterkonstruktion aus Latten

Das Foto links zeigt, daß für die Deckenpaneele – mit der die Montage dieser kombinierten Decken-und-Wand-Verkleidung beginnt – nicht nur eine einfache Lage Latten an der Decke befestigt wird, sondern auch eine Konterlattung: Es wird ja Platz für die Einbaustrahler benötigt (ohne solche Einbauleuchten genügt eine einfache Lattung).

Die ersten Latten direkt an der Decke werden so befestigt, wie die Paneele verlaufen sollen, die zweite Lattenlage darunter verläuft quer dazu.

Die Einbaustrahler werden an den Paneelen komplett montiert, bevor diese an den Latten befestigt werden. Sonst gäbe es Schwierigkeiten bei der Anbringung.

__Die Einbauleuchten__ werden vor Befestigung der Paneele montiert und an die Kabel angeschlossen. Mit der Lochsäge werden die Ausschnitte mittig in die Paneele gesägt.

__Mit den üblichen Krallen__ werden die Paneele an der Unterkonstruktion befestigt. Zug um Zug werden auch die Zuleitungen für die Strahler an den Latten festgemacht.

anders als Wandpaneele montiert.

Vor die Seitenkanten *der Deckenpaneele wird eine Blende gesetzt: etwa 4 cm breite Paneelstreifen oder Profilleisten. Darüber bleibt ein schmaler Lüftungsspalt.*

Die erste Latte *für die Wandverkleidung wird direkt unterhalb der Deckenpaneele an die Wand geschraubt. Am Fuß der Wand wird ebenfalls waagerecht eine Leiste befestigt.*

Die Unterlattung *für die Wandpaneele wird waagerecht angebracht. Drei Latten auf normale Wandhöhe plus Decken- und Fußleiste reichen dafür aus.*

Den seitlichen Abschluß *bilden Profilleisten, die mit den Randleisten der Deckenpaneele auf Gehrung zusammengefügt werden. Solche Profile gehören zu diesem Paneelsystem.*

Abschlußleisten gibt es mit vielen Profilen.

Perfekt schließen die Randleisten die Paneelflächen und damit den Gesamteindruck ab.

Profile in großer Auswahl

Die Wand- oder Deckenverkleidung wird erst mit dem passenden Abschlußprofil perfekt. Zur Auswahl stehen Sockel-, Hohlkehl-, Winkel- oder Zwischenleisten und viele mehr – natürlich jeweils in all den Holzarten und den gleichen Oberflächenbehandlungen, in denen es auch die Paneele gibt.

Passend für jeden Wohnstil

Paneelverkleidungen auf einer begrenzten Wandfläche enden nicht irgendwo, sondern brauchen seitliche Begrenzungen, die ganz wesentlich zum Gesamteindruck der Gestaltung beitragen. Die Randleisten müssen im Einklang mit der übrigen Einrichtung des Raums stehen. Es hat schon einen guten Grund, wenn die Hersteller von Paneelen komplette Systeme anbieten, das heißt zu den Paneelen auch Abschlußleisten mit unterschiedlichen Profilen (wie die Paneele selbst auch in den verschiedenen Holzarten). Die Leisten müssen zunächst die Unterlattung und den dahinterliegenden Hohlraum abdecken, sie sollen aber auch gewissermaßen einen Übergang zum Stil, zum Charakter der Raummöblierung bilden. Glatte und profilierte Leisten in vielen Formen werden in großer Zahl angeboten.

Zimmerdecke diagonal mit

Fast jede Raumgestaltung orientiert sich am rechten Winkel – dem sich jedoch nicht alles unterordnen muß. Auch das kann schöne Ergebnisse bringen.

Die Richtungen der Wände geben vor, wie die Möbel stehen: Die meisten Einrichtungsgegenstände sind parallel zu den Wänden angeordnet. Und wer sich mit der Absicht trägt, die Decke des Wohnzimmers mit Holz zu verkleiden, wird in aller Regel planen, die Bretter oder Paneele entweder parallel oder senkrecht zur Fensterwand anzuordnen, also auch hier den rechten Winkel walten zu lassen. Das ist natürlich nicht falsch, aber das Ergebnis ist auch nicht sonderlich aufregend. Wer Sinn für Ungewöhnliches hat, wird sicher nach einer anderen Lösung suchen und sich vielleicht mit dem hier gezeigten Vorschlag anfreunden können: Die Deckenpaneele sind nicht parallel zu den Wänden, sondern im Winkel von 45 Grad angeordnet. Das gibt dem Raum zweifellos Pep, selbst dann, wenn die Möblierung selbst nicht gerade durch ähnliche Extravaganzen auffällt.
Um die Wirkung dieser Anordnung zu steigern, ist die Deckenverkleidung nicht von Wand zu Wand befestigt, sondern wie eine „Insel“ mit 30 bis 40 cm Abstand zu den Wänden. Die genaue Größe legt man so fest, daß die Diagonale genau dem Vierfachen einer Paneellänge entspricht. Dann ergibt sich nur wenig Verschnitt: Das gleichschenklige Dreieck, das an den Paneelen der ersten Doppelreihe abzusägen ist, kann dann problemlos in der nächsten Doppelreihe wieder verwendet werden.

Paneelen verkleidet

Ein gutes Mittel gegen Langeweile in der Raumgestaltung: diagonal verlegte Deckenpaneele.

***Winkelgerecht** und mit 30 bis 40 cm Abstand zu den Wänden soll die Paneelfläche montiert werden. Dazu wird per Schnurschlag die Begrenzung der Unterlattung genau markiert.*

***Gehobelte Dachlatten** bilden das Gerüst. Zuerst wird der äußere Rahmen befestigt, im 45°-Winkel werden dann weitere Latten angedübelt, quer zur Laufrichtung der Paneele.*

Den Raum genau ausmessen

Die Diagonalverlegung der Paneele macht natürlich etwas mehr Arbeit als eine orthodoxe Verlegung parallel oder quer zur Fensterwand. Denn hier ist doch etwas häufiger zu messen, und die Genauigkeit der Sägeschnitte beim Ablängen der Randstücke des Paneelfeldes verlangt auch mehr Zeit. Dabei ist die alte Regel besonders zu beachten: zweimal messen, bevor man einmal sägt, das Material kostet ja nicht wenig, und durch versägte Paneele ist schnell einiges Geld verloren.

Es macht Sinn, den Raum vor der Planung genau auszumessen und mit den Abmessungen der vorgesehenen Paneele einen Verlegeplan in möglichst großem Maßstab anzulegen. Dadurch erfährt man erstens, wie viele Paneele einzukaufen sind, und zweitens kann man dabei auch schon ein recht genaues Bild davon bekommen, wie das vorgesehene Verlegemuster wirken wird.

In unserem Fall weist das Muster eine Hauptdiagonale auf; die Paneele sind jeweils in Doppelreihen verlegt. Dadurch muß am Anfang und Ende des Feldes nur jede zweite Paneelplatte im 45°-Winkel abgesägt werden. Die Abschnitte werden in der nächsten Reihe angesetzt.

Dieser Verlegeplan gibt eine weitere Auskunft: nämlich, wie viele Dachlatten für die Unterlattung benötigt werden.

Die Verlegearbeit beginnt an der Ecke der Decke, die am häufigsten im Blickfeld liegt. Das kann die der Sitzgruppe gegenüberliegende Ecke oder eine Ecke an der Fensterwand sein.

Da die Paneelfläche wie auch die Unterlattung einiges Gewicht haben, ist mit Dübeln und Schrauben für die Befestigung der Latten nicht zu sparen.

Voraussetzung für diese Paneeldecke.

Das erste Paneel ist an der Ecke der Decke zu befestigen, die am stärksten beachtet wird. Das ist in den meisten Wohnräumen eine Ecke an der Fensterwand.

An Klammern sollte nicht gespart werden, damit die Paneele sicheren Halt haben. Hier sieht man es: Das Paneel wird mit insgesamt sechs Klammern an den Latten befestigt.

Die Federn in den Nuten an den Längs- und Schmalseiten der Paneele sind genau abzulängen und einzustecken, bevor das nächste Paneel angesetzt wird.

Randstücke werden mit der Rückseite nach oben angerissen und mit der Stichsäge abgesägt, damit es akkurate Kanten ohne ausreißendes Furnier gibt.

Die abgesägten Paneelecken der einen Reihe bilden den Anfang der nächsten Reihe. Diese Ecken werden mit jeweils drei Klammern an den Latten befestigt.

Ausschnitte für Einbaustrahler werden selbstverständlich stets genau in der Mitte eines Paneels plaziert und werden von der Vorderseite des Paneels mit der Lochsäge gesägt.

Beleuchtung einplanen

Bei der gewählten 45°-Anordnung und einer Diagonalen, deren Länge das Vielfache der Paneelmaße ist, ergibt sich eine ökonomische Verwendung der Paneele und eine beträchtliche Arbeitserleichterung. Denn der „Verschnitt“ an den Paneelen, die jeweils als erste in den zweiten Reihen des Musters zu verlegen sind, ist der „Anschnitt“ für die Paneele der nächsten Reihe. Das ist so am Anfang und am Ende jeder Doppelreihe. Die Folge: Das Verlegemuster wird symmetrisch ausfallen. Wenn das Paneelfeld an allen vier Seiten den gleichen Abstand zu den Wänden hält und die Hauptdiagonale auf das Längenmaß der Paneele abgestimmt ist, dann ergibt sich daraus nicht zwangläufig, daß das Quermaß der Deckenverkleidung ein Vielfaches der Paneelbreite ist. An den Ecken rechts und links der Hauptdiagonale wird man die letzte und vorletzte Paneelreihe unter Umständen anders zuschneiden müssen: Hier kann es sich ergeben, daß das Muster nicht mit ganzen Paneelbreiten abschließt.
Wie bei jeder Deckenverkleidung, die nicht direkt mit der Decke verbunden ist, sondern auf einer Unterlattung befestigt wird, ergibt sich auch hier die Möglichkeit, eine Beleuchtungsanlage in Form von Downlights, schwenkbaren Strahlern oder auch Pendelleuchten über einem Tisch einzubauen. Montiert man die Paneele nicht auf einer einfachen Unterlattung, sondern auf einer Konterlattung, dann entsteht ein ausreichend hoher Hohlraum, in dem auch der Trafo für Niedervolt-Halogenleuchten untergebracht werden kann. Zugleich wird durch die doppelte Lattenlage die Hinterlüftung der Paneele verbessert.

verlegen, so ergibt sich ein schönes Muster.

Die Unterlattung ist so anzuordnen, daß die von Doppelreihe zu Doppelreihe versetzten Stöße zwischen den Paneelen genau auf der Mitte der quer angeordneten Latten liegen.

Mit einer Falzleiste wird nach der Befestigung aller Paneele die Deckenverkleidung eingefaßt. Die Leiste wird mit kleinen Stiften an den Randpaneelen befestigt.

Auf dem Papier sollte vor dem Einkauf des Materials nach der besten Lösung für das Verlegemuster gesucht werden. Je größer der Maßstab, desto genauer wird diese Planung.

Das Deckenfeld millimetergenau anzeichnen

Auf dem Tisch eine genaue Zeichnung anzufertigen ist nicht schwer, und Planmaße vom Papier auf Fußboden oder Wände exakt zu übertragen macht auch keine Mühe. Etwas anderes ist es jedoch, wenn an der Decke Markierungen anzubringen sind, die auf den Millimeter genau sein sollen. Über Kopf zu arbeiten fällt vielen schwer. Erste Voraussetzung für genaues Anreißen ist ein sicherer Stand auf einer Leiter oder einer Arbeitsbühne. Eine Hilfsperson muß außerdem dabei sein, dann wird das Messen mit der Schlagschnur schneller und zuverlässiger erledigt. Sehr lange Strecken lassen sich besser mit einem 5-m-Rollbandmaß vermessen als mit einem 2 m langen Zollstock.

Sieben Probleme mit

Mehr als eine Wandverkleidung ist hier zu sehen. Hinter den Paneelen stecken sieben tolle Ideen.

der Wandvertäfelung gelöst

Wer eine Wand mit Holz vertäfelt, kann dahinter einige Probleme verstecken und in der Vertäfelung ungewöhnliche Ideen verwirklichen.

Mit einer Wandvertäfelung wird in der Regel nicht mehr bezweckt, als daß die Atmosphäre eines Raums behaglicher werden soll. Dafür ist Holz mit seinen Farben, mit der scheinbar so weichen und immer warmen Oberfläche wie kaum ein anderes Material geeignet.
Zuweilen verbindet man damit auch einen anderen Zweck – daß etwa offen vor der Wand verlegte Heizungsrohre verschwinden sollen. Oder daß die Wärmedämmung an einer kalten Außenwand verbessert werden soll.
Die Wandvertäfelung in diesem Beispiel ist so ein Problemlöser (auch wenn das Thema Wärmedämmung an der Außenwand hier keine Rolle spielt). In der Ecke neben dem Fenster stehen, wie das in älteren Häusern üblich ist, Heizungsrohre zwischen Fußboden und Decke. Dazu gibt es neben der Tür einen Kaminvorsprung, der eine großzügige Möblierung dieses Wandstücks unmöglich macht. Umhüllt mit der Holzverkleidung, ist er nun gut getarnt.
Daneben sind noch einige andere Probleme zu lösen. Da waren ja auch noch eine Hausbar und eine kleine Musikanlage unterzubringen, ohne daß die Wand mit einzelnen kleinen Möbeln vollgestellt wird.
All dies wurde mit der Wandvertäfelung gelöst, für die Massivholzpaneele aus einem neuen interessanten Programm verwendet worden sind.

1 *Das Streifenmuster macht die Wand lebendiger, ohne daß der Arbeitsaufwand dadurch größer würde. Es fällt allenfalls etwas mehr Verschnitt an.*

Sieben Ideen auf einen Streich

Schrank oder Wandverkleidung? Beides ist richtig, wenn man diese Täfelung beschreiben will – auch wenn der Schrank nur einen schmalen Teil in der Holzfläche beansprucht. Durch die symmetrische Anlage dieser Wand wird der Eindruck erweckt, auch der rechte Pfeiler sei ein Schrank. In Wirklichkeit wird hier nur ein Kaminvorsprung kaschiert.
Aber da ist da noch eine Ablage vor die Wandverkleidung montiert, eine tagsüber unauffällige Beleuchtung zudem in die Wand integriert. Und nicht zuletzt fällt an dieser Wand die Farbgestaltung auf. Es sind zwei Farbtöne der gewachsten Paneele miteinander kombiniert, was sich ähnlich auch mit anderen Paneelen oder Profilbrettern realisieren läßt, wenn sie nur aus demselben Programm stammen und dasselbe Format aufweisen.

sieben überraschenden Problemlösungen.

2 **Ein Versteck für Heizungsrohre** *ist leicht gebaut; die Unterkonstruktion muß nur entsprechend angelegt und die Vertäfelung weiter von der Wand abgerückt werden.*

3 **Der Barschrank** *ist sozusagen die Verlängerung der Rohrverkleidung, angeglichen an die Tiefe des Schornsteinvorsprungs am rechten Rand der Wandvertäfelung.*

4 **Unebenheiten** *der Wand lassen sich ausgleichen: mit unterschiedlich dicken Kunststoffkeilen, die zwischen Wand und Unterlattung auf die Schrauben gesteckt werden.*

5 **„Ausgeklappte" Paneelstreifen** *tragen auf raffinierte Weise das in die Wandverkleidung integrierte Bord aus MDF-Platte. Hinten ist es zwischen die Paneele gesetzt.*

6 ***Ein Lichtband** ist integriert; statt eines hellen Paneels ist ein weißer Acrylglasstreifen in die Nuten der Nachbarpaneele gesteckt als Abdeckung für Leuchtstoffröhren.*

7 ***Installationen** können gleich mit versetzt oder erweitert werden: Hohlraumdosen an den gewünschten Stellen in die Paneele einsetzen. Die Anschlüsse sind Sache des Profis.*

Paneele mit gewachster Front

Die Paneele aus diesem Einrichtungsvorschlag stammen aus einem neuen Programm. Es sind Massivholzpaneele aus nordischer Fichte, die mit einer vorbehandelten Oberfläche auf Öl-Wachs-Basis in vier attraktiven Farbtönen angeboten werden. Man kann damit, konventionell, einfarbige Täfelungen planen; man kann aber auch zweifarbige Lösungen wählen, für die eine genauere Planung vorweg ganz sinnvoll ist, damit man weiß, wie viele Paneele von der einen, wie viele Paneele von der zweiten Farbe einzukaufen sind.

Die Verwendung solcher fertig behandelter Paneele hat Vorteile: Man gewinnt Zeit beim Einbau, weil man die Oberflächenbehandlung nicht selber ausführen muß.

Die hier verwendeten oberflächenfertigen Paneele gibt es in vier attraktiven Farbtönen, die sich gut miteinander kombinieren lassen. Geliefert wird es in drei Systemlängen, 145, 205 und 265 cm, wodurch der Verschnitt – gute Einkaufsplanung vorausgesetzt – beim Verlegen gering ausfällt.

Umweltfreundlich und für Allergiker geeignet

Alle Inhaltsstoffe des Materials für die Oberflächenbehandlung dieser Massivholzpaneele „greenline" der Louis Krages Holzwerke sind volldeklariert. Es handelt sich dabei ausschließlich um natürliche Öle und Wachse, die ohne Lösemittel verarbeitet sind. Das damit behandelte Holz ist nachweislich kompostierbar (Angaben lt. Gutachten ECO-Umweltinstitut, Köln).

Blaue und weiße *Paneele, ineinander verzahnt, machen einen Teil der Deckenverkleidung zu einem raffinierten Blickfang, der die Raumgestaltung beeinflußt.*

Wie ein Ornament *wirkt die Anordnung der Stoßfugen zwischen den Paneelen. Auch so kann eine einfarbige Wand- oder Deckenverkleidung auf sich aufmerksam machen.*

Landhausatmosphäre *durch eine ruhige Wandverkleidung in traditioneller Manier. Dadurch soll jedes Teil der Einrichtung sich zum anderen fügen und Harmonie erzeugen.*

Noch ein Spiel *mit zwei Farben, hier in einer willkürlich erscheinenden, aber doch nicht dem Zufall überlassenen Anordnung heller und dunkler Paneele im 45°-Winkel.*

Paneeltäfelungen und

Farben der Natur geben den Ton an: Eichenfurnier der Paneele und grüner Anstrich.

Wandfarben im Einklang

Auch wenn Paneele (Holz-) Farbe zeigen, muß an den Wänden nicht nur Weiß als Anstrich erscheinen. Es können starke Farbklänge gewählt werden.

Weiße Wände und Decke werden oft als die einzig möglichen Farbpartner angesehen, wenn die nicht mit Holz verkleideten Flächen gestaltet werden sollen. Man läßt das Holz dominieren, setzt allenfalls mit dem Bodenbelag oder mit Vorhängen und Möbelbezügen Farbe dagegen.
Es verlangt vielleicht etwas mehr Mut, es kann dafür aber zu sehr attraktiven Lösungen führen, wenn Holzflächen und Anstrichflächen als gleichwertige Partner angesehen werden. Wenn also einer großflächigen Wandtäfelung oder einer Deckenverkleidung nicht nur ein zurückhaltendes Weiß, sondern ein durchaus kräftiger Farbton zugesellt wird. Das Foto gibt ein Beispiel dafür.
Die Paneelflächen bedecken die Wände nur bis etwa in Türhöhe. Darüber sind die Wände grün gestrichen, und derselbe Farbton setzt auch in der Wandvertäfelung (die Paneele sind mit Esche furniert) Akzente: Die Vorderkanten der beiden Borde und die Kanten der Lichtblende darüber sind ebenfalls grün gestrichen. Die beiden Farben stehen nicht isoliert nebeneinander, sondern mischen sich untereinander. Auf diese Weise wird der Kontrast zwischen Holz- und Anstrichfarbe gemindert; es entsteht eine Farbharmonie.
Eine andere Situation ist es, wenn eine Täfelung nicht den natürlichen Holzton, sondern eine farbig lasierte oder lackierte Oberfläche aufweist; dagegen kann der Farbkontrast klar gesetzt werden.

***Die Eschenpaneele** werden mit angeschraubten Paneelklammern befestigt. Die sichtbare Stirnkante an der Terrassentür wird ausgefälzt und mit einer Leiste verschlossen.*

***Starke Eisenwinkel** sollen die Borde tragen. Sie werden so plaziert, daß sie genau im Spalt zwischen zwei Paneelen sitzen, dann muß nur die Feder entsprechend ausgeklinkt werden.*

Unterbau mit viel Präzision

Eine Konstruktion, die sich hinter einer Verkleidung unsichtbar macht, gilt als eine besonders elegante Lösung. In diese Kategorie darf man sicher auch die in die Wandtäfelung integrierten Borde einreihen, denn die Konsolen für die Borde sind gut getarnt, der an der Wand befestigte Schenkel der stabilen Winkel ist hinter den Paneelen versteckt.

Der Trick dabei ist, die Winkel so zu plazieren, daß die waagerechten Schenkel genau im Bereich einer (lose eingesteckten) Feder zwischen zwei Paneelen von der Wand abstehen: Dann sind lediglich in die Feder entsprechende Aussparungen zu sägen, die Paneele selbst bleiben unversehrt. Daraus ergibt sich auch, daß der Abstand zwischen den beiden Borden der Paneelbreite entspricht.

Weil die Paneelbreite ja bekannt ist, kann man die Winkel schon an der Wand befestigen, wenn man die Unterlattung angebracht hat – noch ehe man die Paneele selbst befestigt. Das setzt natürlich äußerste Präzision beim Ausmessen, Bohren und beim Annageln der Paneele voraus, will man die Schlitze für die Winkel wirklich nur in die Federn schneiden. Man kann aber auch mit der Montage der Paneele beginnen und die jeweils letzte Paneelreihe unter dem vorgesehenen Platz für die Winkel erst einmal probeweise an die Unterlattung halten, um die Bohrlöcher für die Winkelschrauben anzeichnen zu können.

Die Paneelwand weist eine zweite Besonderheit auf: einen Kasten, so hoch wie eine Paneelreihe, in dem einige nach oben und unten strahlende Halogenleuchten und der dazu gehörende Trafo eingebaut sind und die ganze Verkabelung versteckt ist.

sind hier in die Vertäfelung integriert.

Die fertige Täfelung *weist eine Lücke in der Breite eines Paneelbretts auf; hier wird der Lichtkasten an der Unterlattung verschraubt und mit einem Paneelbrett verschlossen.*

Die Lichtinstallation *wird eingebaut, wenn der Lichtkasten montiert ist, aber die Ausschnitte für die Strahler sind schon vorher mit der Lochsäge angebracht worden.*

Indirekte Beleuchtung schafft besondere Stimmung

Das Foto auf Seite 66/67 gibt eine nur unzureichende Vorstellung davon, wie die in dem Kasten installierte Beleuchtung die Stimmung im Raum beeinflussen kann. Sie kann die Farbigkeit der Paneele und des Wandanstrichs verändern, sie kann Objekte auf den Borden hervorheben und zum Blickfang machen. Durch die Art des Einbaus ist eine Blendwirkung dabei aber so gut wie ausgeschlossen. Bei der Planung des Lichtkastens sollte man bedenken, daß die Leuchten Wärme abstrahlen und auch die Trafos warm werden: Der Kasten sollte nicht zu knapp bemessen sein. Auf den Verpackungen der Leuchten ist der Mindestabstand zu anderen Bauteilen angegeben.

Die Abdeckplatte *des Lichtkastens ist an den Längskanten mit zwei Vierkantleisten versehen, die genau in die Kastenöffnung passen und mit Schrauben festgehalten werden.*

Farbe zeigen die großen Flächen des Bodens und der Wände, die halbhohe Täfelung bleibt neutral und setzt nur durch die lebendige Oberfläche und die Einfaßleisten Akzente.

Die Unterkonstruktion unterscheidet sich von üblichen Lösungen durch die vier parallelen Leisten am oberen Abschluß. An ihnen werden die beiden Zierleisten befestigt.

Der Reiz ist die Kombination

Es mag als schiere Verschwendung anzusehen sein, den natürlichen Farbton eines Holzes hinter einem deckenden Anstrich zu verstecken. Aber das hat es zu allen Zeiten gegeben. Und wenn man Wandtäfelungen oder Türen in alten Häusern betrachtet, bei denen das Holz vielleicht sogar von mehreren Farbschichten abgedeckt ist, dann wird einem sozusagen als Ersatz für das natürliche Erscheinungsbild des Holzes die (konstruktiv bedingte) plastische Gestaltung der Flächen auffallen. Rahmen umgeben tiefer liegende Füllungen, die Einfassungen aus Profilleisten aufweisen.

Eine gewisse Verwandtschaft will das hier eingesetzte „paneeletti"-Programm herstellen, indem es mehr oder weniger stark strukturierte 147 mm breite Profile mit 47 mm breiten Einliegerleisten sowohl in den naturbelassenen Holzfarben als auch in sieben zum Teil sehr intensiven Lackfarben anbietet. Die Kombinationsmöglichkeiten sind damit schier unerschöpflich.

Zurückhaltung ist dabei ein gutes Rezept, wie das Foto links oben zeigt: Die halbhohe Täfelung ist mit Profilen in Esche weiß ausgeführt, eingefaßt von aprikot- und türkisfarbenen Leisten, und den Farbakzent setzen Teppichboden und Wandanstrich.

Durch die Profilierung der für die Täfelung verwendeten Materialien wirkt auch die weiße Holzfläche recht lebendig, vor allem durch das Spiel von Licht und Schatten auf der Oberfläche. Gerade auf den weiß lackierten Flächen treten die Profile stärker hervor als auf naturbelassenen Hölzern.

Zum Programm gehört auch eine farblich wie im Profil passende Fußleiste.

und die Paneele bleiben neutral.

Spezialkrallen halten die Profilbretter fest. Sie greifen mit den gezahnten Blechzungen in die Nut der Profile und werden mit der Unterkonstruktion verschraubt.

***Eine Abdeckleiste**, die nach dem Anbau der Zierleisten mit Leim und Drahtstiften (oder Colour Pins) an der Unterkonstruktion befestigt wird, verbirgt die Latten.*

Sieben Hölzer und sieben Farben sind zu kombinieren

Die Grundlage des „paneeletti"-Programms bilden die in sieben Holzoberflächen lieferbaren Profile. Für Einfassungen gibt es Leisten in den gleichen Hölzern und zusätzlich sieben Farben, dazu mehrere Einliegerleisten in unterschiedlichen Profilen und schließlich noch eine Fußleiste.

***Die farbigen Leisten** sind „nur" Zierde, denn sie werden auf vorhandene Unterleisten gesetzt. Gerade diese Leisten müssen besonders sorgfältig auf Gehrung gesägt werden.*

Eine raffinierte Kombination:

Spiegel als dekorative Elemente: In dieser Täfelung erzeugen unterschiedlich große Spiegelflächen zwischen den Brettern eine trickreiche Wirkung.

Im Flur und im Badezimmer sind Spiegel selbstverständliche Requisiten. Dort braucht man sie zur Kontrolle von Kleidung, Frisur und Make-up. Aber warum sollen das die einzigen Plätze in der Wohnung sein, an denen Spiegel nützlich sind? Und warum sollte man sie nur aus rein praktischen Erwägungen haben? Nicht nur können Spiegel sehr dekorative Objekte sein; mit ihrer Hilfe können zuweilen auch raffinierte gestalterische Effekte erzielt werden.
So kann ein wandhoher Spiegel an der Stirnseite eines kleinen Flurs den Raum scheinbar größer machen (auf Seite 84 ist die Anwendung dieses Tricks im Wohnraum zu sehen). Und wenn man Spiegel gegenüber einem Fenster plaziert, dann bringt er mehr nicht nur mehr Weite, sondern auch mehr Licht in den Raum. Eine besondere Wirkung erzielt man mit Spiegeln, die übereck angeordnet sind wie im Foto rechts. Da genügen schon schmale Spiegelstreifen, um den Eindruck zu erwecken, hinter der Täfelung befände sich ein weiterer Raum. In Verbindung mit Deckenstrahlern, deren Licht in den Spiegeln reflektiert wird, wirken die Spiegel selbst wie Lichtquellen. Und wenn dann noch die Glasflächen dem schrägen Verlauf der Wandtäfelung folgen, ist vollends eine Dynamik entstanden, an der man lange seine Freude haben wird. Das Gute dabei ist: Die Montage der Spiegel ist unkompliziert.

Spiegel und Profilholz

Die Kombination von Profilholz und Spiegeln verändert den Raum eindrucksvoll.

***Die Unterkonstruktion** wird im Durchsteckverfahren mit Nageldübeln an der Wand befestigt. Kleine Hartfaserstücke hinter den Spanplatten gleichen Unebenheiten aus.*

***Am Fußende** wird ebenfalls ein Spanplattenstreifen befestigt, weil die Täfelung nicht bis zum Boden, sondern nur bis zur Oberkante dieses waagerechten Anschlags reichen soll.*

Spanplatten statt Unterlattung

Wenn eine Wand quer oder wie hier schräg verkleidet werden soll, braucht man sehr lange Bretter, die dann aber recht unhandlich sind. Um nun mit handlichen Längen arbeiten zu können, wird die Wand in mehrere Abschnitte unterteilt, die durch eine nur 3 mm breite Schattenfuge voneinander getrennt sind. Um diese Unterteilung, die ja zunächst der leichteren Montage wegen gewählt wird, auch nachher plausibel erscheinen zu lassen, füllt der große Ankleide- und Frisierspiegel die ganze Breite eines dieser Abschnitte; außerdem geben scheinbar die schmaleren Spiegelstreifen diese Unterteilung vor.
Anstelle der sonst üblichen Latten sind hier Spanplattenstreifen als Unterkonstruktion an die Wand geschraubt. Spanplattenabschnitte sind auch dort befestigt, wo Spiegel und Spiegelstreifen in die Verbretterung eingesetzt sind; auf diese Abschnitte werden die Spiegel mit speziellem Klebeband aufgeklebt.
Damit die Arbeit zügiger vorankommt, wird zuerst einmal die Täfelung fertiggestellt. Damit möglichst wenig Verschnitt entsteht bzw. damit die Spiegel schon einmal bestellt werden können, sollte zuvor eine Zeichnung in möglichst großem Maßstab angefertigt werden, aus der sich der Materialverbrauch an Brettern und die genauen Abmessungen der Spiegelstreifen ablesen lassen und aus der man ersehen kann, ob Zuschnittreste vom Kopf- und Fußende der einzelnen Täfelungsfelder an anderer Stelle mit nur wenig Verschnitt eingesetzt werden können.
Den Abschluß zur Decke bildet hier eine breite, dunkel gestrichene Blende, ebenfalls aus Spanplatte geschnitten.

Ein Anschlagbrett an der links angrenzenden Wand und ein Hartfaserstreifen rechts markieren Anfang und Ende des ersten Abschnitts der Wandverkleidung.

Zur Wandseite wird jedes Brett vorher im Winkel von 45° abgesägt; auf der anderen Seite wird die Schnittkante jeweils an der Wand angezeichnet und dann abgesägt.

Drei Krallen pro Brett geben ausreichend sicheren Halt. Die Krallen werden in die Nut eingesetzt, die Nägel werden mit Hilfe des Magnetnaglers eingetrieben.

Der Anschlag an der Nachbarwand ist hier im Detail deutlich zu sehen. Dazu wird auch ein 3 mm dicker Hartfaserstreifen eingeklemmt, um die Schattenfuge offenzuhalten.

Der Unterbau für den Spiegel besteht ebenfalls aus Spanplatte, die auf die vorhandene Unterkonstruktion oder auch dazwischen direkt an die Wand geschraubt wird.

Nach Fertigstellung der Verbretterung werden die Anschlagleisten oben und unten weggenommen und durch eine Blende (oben) und eine Fußleiste ersetzt.

Die Spiegelmontage ist einfach

Spiegel wiegen einiges, und deshalb müssen sie ausreichend sicher an der Wand befestigt werden. Das läßt sich auch durch Kleben erreichen, nämlich durch spezielles Spiegelklebeband von der Rolle oder durch Pads. Allerdings müssen von diesem doppelseitig klebenden Material ausreichend viele Streifen oder Pads in gleichmäßiger Verteilung angebracht werden, damit möglichst viele Klebeverbindungen zustande kommen. Dafür sind die Herstellerangaben auf den Packungen über die Belastbarkeit des Klebebands pro Zentimeter zu beachten.

Ganz wichtig für die sichere Haftung des Klebebands bzw. der Pads ist ein ebener und sauberer Untergrund. Staub vom Transport oder vom Zuschnitt der Spanplatten, auf denen die Spiegel montiert werden sollen, ist also sorgfältig abzuwischen.

Wenn die Spiegel bündig (oder wenigstens in etwa bündig) mit der Täfelung liegen sollen und weil die Spanplatten hinter den Spiegeln auf die Unterkonstruktion für die Bretter geschraubt werden, braucht man hier dünnere Spanplatten – es sei denn, man befestigt die Hinterfütterung der Spiegel ebenfalls direkt auf der Wand: Dann werden die Spiegel aber etwas tiefer, als die Bretter liegen.

Das Spiegelklebeband haftet sofort, Korrekturen des Spiegels sind nicht mehr möglich. Man muß deshalb sehr behutsam arbeiten und vor allem bei der Montage eines größeren (und damit auch schwereren) Spiegels eine Plazierungshilfe anwenden: Der Spiegel wird am Fußende so gestützt, daß er genau in der richtigen Höhe abgestellt werden kann. Dann muß er nur noch seitlich ausgerichtet werden.

klebenden Band befestigt.

Die Krallen *greifen mit der gezackten Spitze jeweils in die Nut der Bretter. Sie werden mit Drahtstiften und dem dazugehörenden Nagelgerät auf der Unterkonstruktion befestigt.*

Spiegelklebeband *klebt doppelseitig und muß in ausreichender Menge auf der Spiegelrückseite verwendet werden, damit der Spiegel sicheren Halt bekommt.*

Kleine Pads *sind vorgeschnittenes Klebeband. Auf den Packungen ist angegeben, welches Gewicht ein Pad tragen kann. Je nach Spiegelgröße sind ausreichend viele Pads zu setzen.*

Korrekturen *läßt das Klebeband nicht zu. Der Spiegel muß also genau in richtiger Position angesetzt werden. Eine Hilfskonstruktion aus Brettstücken trägt das Gewicht des Spiegels.*

Modische Farben

werten auch Profilholz auf

Zwei einfache Regale aus Span- und Tischlerplatte, durch eine Konsole miteinander verbunden, setzen mit ihrer Farbe den Akzent in diesem Wohnraum.

Hier wird Profilholz in modischem Gewand eingesetzt: mit einem deckenden Anstrich, der aber nur auf perfekter Oberfläche auch wirklich gut wirkt.

Die natürliche Farbenpalette, die Holz zu bieten hat, ist zwar mit vielen Nuancen besetzt, aber aus einem doch recht engen Spektrum. Wer durch mehr Farben einen größeren Spielraum bei der Gestaltung eines Raums gewinnen will, kann das Holz für eine Wandverkleidung farbig streichen. Zum Beispiel mit einem deckenden, aber offenporigen Anstrich, der den Charakter des Holzes auch unter der neuen Farbe bewahrt.
In diesem Beispiel ist die diagonal verlegte Täfelung perlgrau gestrichen; kräftige Akzente setzt dagegen das Pink der Regale und des Bords hinter dem Sofa.

Zwei **Regaltürme** prägen Einrichtung und

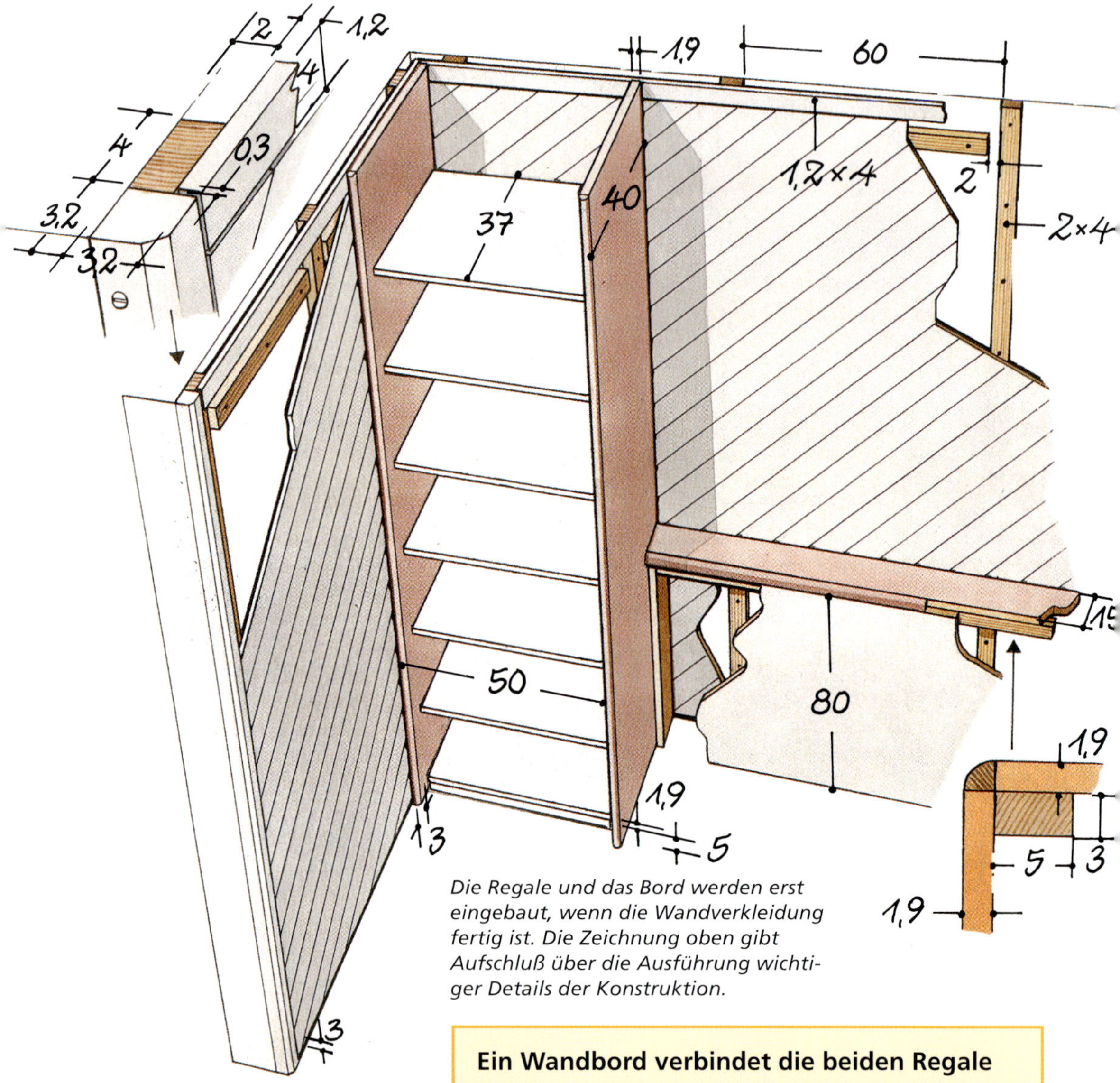

Die Regale und das Bord werden erst eingebaut, wenn die Wandverkleidung fertig ist. Die Zeichnung oben gibt Aufschluß über die Ausführung wichtiger Details der Konstruktion.

Ein Wandbord verbindet die beiden Regale

Zwischen den beiden Regaltürmen ergibt sich eine Nische, in der man sich auch bei einem ausladenden Sofa beengt fühlen kann. Diesen Eindruck kann man mildern, wenn vor die Wand eine Konsole montiert wird, die bis zum Fußboden mit einer Spanplatte verkleidet wird. So wird zugleich eine praktische Ablage hinter dem Sofa gewonnen, die für allerlei dekorative Dinge ein willkommener Standplatz sein kann.

Einfachste Konstruktion

Auch wenn Tischlerarbeit „nur" in Millimetern bemaßt wird und nicht, wie feinmechanische Metallarbeiten, in Bruchteilen dieser Maßeinheit: Präzision ist dennoch angesagt, damit zwei Werkteile sich nahtlos zusammenfügen. Weniger geübte Selbermacher haben da manchmal ihre Schwierigkeiten, und so wird dann gern zu Pinsel und Farbe gegriffen, um einem nicht ganz so perfekten Arbeitsergebnis dennoch zu gutem Aussehen zu verhelfen.
Die Bauteile für die hier vorgeschlagenen Regale wurden im Baumarkt perfekt zugeschnitten und mußten dann nur noch zusammengeschraubt werden. Es ergeben sich saubere Verbindungen. Dennoch ist eine abschließende „Kosmetik" vonnöten: Das Baumaterial sind Span- und Tischlerplatten, und diese Werkstoffe können sich neben gewachsenem Holz ohne Anstrich doch nicht sehen lassen.
Aber ehe die Regale gebaut werden können, muß erst einmal die Wandverkleidung fertiggestellt sein. Weil hier das Holz hinter einem wenig augenfälligen Anstrich versteckt werden sollte, wurde für die Anordnung der Profilbretter die Diagonalverlegung gewählt. Das läßt die Wand etwas dynamischer wirken.
Wie immer wurde auch hier das Holz einige Zeit vor dem vorgesehenen Arbeitstermin zur Akklimatisierung in den Raum geholt. Diese Lagerzeit wurde sogar noch verlängert, denn das Holz wurde vor der Montage ein erstes Mal gestrichen. Wenn das Holz nach einiger Zeit etwas schwinden sollte, werden keine störenden Streifen im Naturton des Holzes an den Fugen auftreten. Ein zweiter Anstrich wird nach dem Einbau aufgetragen.

Dünne Leisten werden in Abständen von 60 bis 80 cm senkrecht an die Wand geschraubt. Die Querstücke oben und unten werden mit Luftschlitzen eingesetzt.

Als oberer Rahmen wird eine Leiste oder ein Brett genau waagerecht montiert. Keile halten die Lüftungsschlitze zur Decke offen, das ist besonders an einer Außenwand wichtig.

***Mit der Tischkreissäge** fallen die Schnittkanten der Bretter ungleich präziser als mit einer Handsäge aus. Auch eine Kapp- oder Gehrungssäge kann eingesetzt werden.*

***Die Bretter** müssen einzeln eingemessen werden, damit zum Beispiel ein unregelmäßiger Wandverlauf an der Schnittkante ausgeglichen werden kann.*

Einwandfreie Schnittkanten

Von Hand abgelängte Bretter kosten mehr Arbeitszeit und bringen oft ungenaue Ergebnisse. Wer sich den Einbau einer Wandtäfelung nicht unnötig erschweren will, sorgt dafür, daß eine Tischkreissäge mit einem Winkelanschlag oder eine Kappsäge zur Verfügung steht. Dazu wird allerdings eine Hilfsperson gebraucht, die schon beim exakten Ausmessen der einzelnen Bretter assistiert und vor allem dann mithilft, wenn die Bretter über den Sägetisch geführt werden, damit die Bretter nicht während des Sägens verkanten.
Das Foto rechts oben zeigt, daß bei der Befestigung dieser Wandverkleidung eine Methode angewendet wird, die sonst bei unbehandeltem Holz eigentlich nicht gewählt wird: Die Bretter werden direkt von oben mit Drahtstiften auf der Unterlattung befestigt. Hier kann man so verfahren, denn nach dem Versenken der Nagelköpfchen können die Löcher zugespachtelt und mit kleinen Farbklecksen unsichtbar gemacht werden (wenn man es nicht vorzieht, die ganze Holzfläche noch einmal zu streichen). Bei unbehandeltem Holz muß man dagegen mit den üblichen Krallen unsichtbar genagelt werden.
Will man wie bei diesem Beispiel die Wandverkleidung übereck an der benachbarten Wand fortsetzen, dann sollten die Bretter nicht direkt zusammentreffen: Es sieht sehr viel besser aus, wenn im Winkel eine schmale Schattenfuge angelegt ist. Damit die Fuge gleichmäßig ausfällt, wird ein Streifen Hartfaserplatte während der Montage in den Winkel gesteckt (und nachher wieder herausgezogen).
Offene Kanten (neben einem Fenster oder an der Tür) werden am Schluß sorgfältig (und ohne Tränen) nachgestrichen.

genau eingemessen und abgelängt.

Nägel durch die Oberfläche *werden nachher nicht störend auffallen, weil die ganze Wandverkleidung noch einmal gestrichen wird. Vorher die Nagellöcher zuspachteln.*

Ein Streifen Hartfaserplatte *in der Ecke zwischen zwei Wandflächen sorgt dafür, daß die schmale Schattenfuge gleichmäßig ausfällt. Der Streifen wird nachher wieder entfernt.*

Freche modische Farben auf Naturölbasis

Altrosa und Beige, Perlgrau und Pink, Blau, Maisgelb oder Nilgrün: das sind die modischen Farbtöne, mit denen Holz ein ganz anderes Aussehen bekommen kann. Die Anstriche decken die Maserung, sind aber offenporig, lassen das Holz atmen.

Der zweite Anstrich *wird aufgetragen, wenn die Wand fertig montiert ist. Dabei auch die offenen Schnittkanten dick einstreichen, damit das Holz gut gedeckt ist.*

Raumkunst mit Profil: eine

Ein einfaches Ornament mit großer Wirkung – die durch Wiederholung noch gesteigert wird.

besondere Raumgestaltung

Ein zweifarbiges Ornament erscheint mehrmals in der Wand- und Deckenverkleidung und verstärkt dadurch seine Wirkung bei der Raumgestaltung.

Warum sollte man einen guten Einfall nicht mehrmals präsentieren und dadurch seine Wirkung steigern? In diesem Raum ist es ganz offensichtlich ein guter Einfall, die Wand- und auch die Deckenverkleidungen nicht über die ganzen Flächen zu ziehen, sondern sie so anzubringen und einzurahmen, als seien sie große Bilder. Damit nicht genug: In die naturfarbenen Holzflächen sind quadratische Felder eingesetzt, die sich durch Fugenverlauf und Farbgebung deutlich von ihrer Umgebung abheben und dadurch als starke Akzente der Raumgestaltung wirken. Dabei spielt noch ein Trick mit: In die Holzverkleidung neben dem Fenster sind nicht etwa zwei Ornamentfelder eingesetzt, sondern nur eines. Ein raumhoher Spiegel bewirkt die optische Täuschung. Eine solche Wandgestaltung kann mit jedem beliebigen Profilholz gestaltet werden. In diesem Fall sind 12 cm breite Profilbretter aus Koto mit abgerundeten Kanten verwendet worden, deren Oberfläche seidenglanzgewachst ist. Natürlich kann man auch unbehandelte Bretter kaufen und ihre Oberfläche vor dem Einbau mit Wachs, Lasur oder Klarlack behandeln. Wichtig ist, daß dies vor dem Einbau geschieht und nicht erst dann, wenn die Montage beendet ist. Mit der Zeit wird das Holz nämlich etwas schwinden, und dann werden unbehandelte, sich heller absetzende Streifen in den Zwischenräumen sichtbar werden.

Die Bretter und Randleisten *werden vor dem Einbau gestrichen. Bereits lackierte oder gewachste Bretter anschleifen und mit Verdünnung reinigen, damit die Farbe haftet.*

Das Ornament *wird auf einer 70 × 70 cm großen Grundplatte aufgezeichnet. An zwei Seiten bleibt ein Rand, dessen Breite sich nach der Falzleiste für die Einrahmung richtet.*

Das **Ornament** wird auf einer Spanplatte

***Brett für Brett** wird genau in das vorgezeichnete Feld eingepaßt und mit Stiften befestigt. Dabei vorsichtig arbeiten, damit die Farbe auf den Brettern nicht zerkratzt wird.*

***Das fertige Ornament** wird an der Wand mit drei Schrauben befestigt. Erst setzt man am oberen Rand eine Schraube; nach dem Ausrichten wird die Platte vollends fixiert.*

Nur eine Variante von vielen

Es gibt natürlich zahllose andere Möglichkeiten für die Gestaltung eines solchen Ornaments, mit dem in einer Wand- oder Deckenverkleidung ein auffälliger Akzent gesetzt werden soll. Sowohl für die Anordnung der Brettstücke als auch für die Farbgestaltung kann man sich noch anderes einfallen lassen.
Man könnte sich damit begnügen, in eine vertikal angeordnete Wandverkleidung ein Feld zu setzen, in dem die fünf, sechs kurzen Brettstücke horizontal montiert sind. Man könnte mehrere Bretter im Winkel von 45 Grad anordnen. Man könnte im Ornamentfeld nur eine Farbe als Kontrast gegen farblos behandelte Bretter setzen. Oder selbstverständlich ganz andere Farben als in unserem Beispiel verwenden. Aber stets sollten die ausgewählten Farben zu den Farben in der Einrichtung passen.
Die Vorarbeit für das Ornamentfeld ist stets gleich. Man braucht eine 70 × 70 cm große Spanplatte als Grundplatte, auf der an zwei Seiten die Breite der Falzleiste anzuzeichnen ist, mit der die Wand- bzw. Deckenverkleidung später eingefaßt werden soll. Beim abgebildeten Ornament sind das von den Brettern belegte Feld und die Diagonale auf die Platte gezeichnet und dann die Bretter einzeln eingepaßt und mit Stiften befestigt worden.
Die Grundplatte mit dem montierten Ornament wird dann an der gewünschten Stelle zunächst mit einer Schraube am oberen Rand an der Wand befestigt. Nach dem Ausrichten mit der Wasserwaage werden drei weitere Schrauben gesetzt. Rings um das Ornamentfeld kann dann die restliche Wand- und Deckenverkleidung angebracht werden.

vorgefertigt und erst dann montiert.

Die Unterlattung besteht aus dem gleichen Material wie die Ornamentplatte, also aus 19 mm dicker Spanplatte, von der 10 cm breite Streifen an die Wand geschraubt werden.

Das erste Brett wird neben dem Ornamentfeld befestigt. Dieses und die weiteren Bretter müssen durch die Feder genagelt werden, die üblichen Krallen sind hier nicht einzusetzen.

Eine provisorisch befestigte Leiste dient als Anschlag am Fußende, damit alle Bretter genau bündig sitzen. Später wird diese Leiste durch die Rahmenleiste mit Falz ersetzt.

Auf Gehrung wird die Falzleiste in den Ecken zusammengefügt und gegen die Unterlattung genagelt. Die blanken Nagelköpfe werden gut versenkt und mit Farbe betupft.

Mit Holz wird es in der

Licht und freundlich wirkt die Dachverkleidung, wenn helles oder hell lasiertes Holz verwendet wird.

Dachwohnung gemütlich.

Eine Holzverkleidung unter Dachschrägen macht den Raum nicht nur gemütlich; es wird auch eine zusätzliche Wärmedämmung gewonnen.

Eine Wohnung unterm Dach hat, vor allem wegen der schrägen Wände und der meist kleinen Dachflächenfenster, immer etwas von einem Raum, in dem man sich geborgen und wohl fühlt. Diese Wirkung wird nicht selten noch verstärkt, wenn die Dachschrägen mit Holz verkleidet sind. Das macht Dachräume noch kuscheliger. Andere empfinden die Holzverkleidung mit der Zeit etwas erdrückend, zum Beispiel dann, wenn unbehandelte Fichtenbretter dunkler werden und den Raum dadurch scheinbar niedriger machen. Dagegen gibt es ein gutes Rezept: Man verkleidet die Wände mit hell lasierten Profilbrettern, oder man kauft unbehandeltes Holz und lasiert die Bretter vor dem Einbau selber. Die leichte Farbe des Holzes verändert sich nicht, sie macht den Raum zwar nicht größer, läßt ihn aber größer erscheinen.

Wird ein bis dahin „roher“, vielleicht als Abstellraum genutzter Dachraum ausgebaut, ist die Befestigung der Wandverkleidung natürlich nur der letzte Schritt in einer Reihe von Arbeiten, deren erste der Einbau der Wärmedämmung unter der Dachhaut ist. Denn es ist in der Regel allenfalls eine Winddichtung unter den Dachziegeln vorhanden. Das genügt nicht. Den Wärmeverlust im Winter wie das allzu starke „Aufheizen“ durch Sonnenwärme im Sommer verhindert der Einbau von Matten oder Platten aus Mineralwolle zwischen den Dachsparren.

Aus Dachlatten wird der Grundrahmen gefertigt, an dem nachher der Kniestock befestigt wird. Alles gut auswinkeln, dann festnageln.

Aus druckimprägnierten Brettern werden der obere waagerechte Anschlag und die senkrechten Stützen genau lotrecht montiert.

Hilfslatten werden als Ausgleich dort montiert, wo die Sparren nicht genau fluchten. Die Latten müssen gut verschraubt werden.

Ein Kniestock vor der Abseite

Vorausgesetzt, für die Helligkeit in dem auszubauenden Dachraum ist durch Fenster in der Giebelwand oder in den Dachflächen gesorgt: Der weitere Ausbau zu einem wohnlichen Gehäuse ist auch für den wenig geübten Selbermacher keine allzu schwierige Aufgabe. Die Montage des Dämmaterials zwischen den Dachsparren mag wegen der teilweise über Kopf anzubringenden Matten oder Platten etwas umständlich sein, kompliziert ist die Arbeit nicht. Und das Gerüst für den Kniestock zusammenzusetzen ist ebenfalls leicht zu bewerkstelligen. Die Montage der Wandverkleidung ist spätestens nach dem dritten Profilbrett, das an die Sparren genagelt bzw. mit dem Tacker befestigt wird, Routine geworden.

Damit soll die Arbeit nicht schöngeredet oder als Kinderspiel verharmlost werden: Es bleibt genug zu tun, und es ist nicht verkehrt, gleich drei, vier Wochenenden für dieses Vorhaben einzuplanen. Und wer hilfswillige und geschickte Freunde hat, tut auch gut daran, sich deren Hilfe zu versichern. Denn lange Profilbretter zum Beispiel lassen sich zu zweit besser handhaben und schneller (und auch genauer) an den vorgesehenen Platz bringen, als wenn dem „Häuslebauer" nur die eigenen Hände helfen.

Mehr als zwei Hände sollten schon zur Verfügung stehen, wenn das benötigte Material zur Baustelle hochgeschafft wird. Als erstes werden die Profilbretter für die Dachverkleidung in den Dachraum geschafft. Das Holz sollte, aus der Verpackungsfolie „geschält", ein paar Tage im Dachraum liegen, um sich zu akklimatisieren und die hier herrschende Luftfeuchtigkeit zu übernehmen. Die Bündel

zwischen den Dachsparren eingebaut.

sollten an den Enden mit Wicklungen von Kreppband noch zusammengehalten werden, damit sich das Holz nicht werfen und verziehen kann.
Das Wärmedämmaterial soll in ausreichender Menge bereitliegen, ebenso werden die gehobelten Dachlatten für den Kniestock vor Arbeitsbeginn in den Dachraum geschafft. Und ganz wichtig: Nach Nägeln, Krallen, Tackerstiften sowie dem benötigten Werkzeug wird nicht erst während der Arbeit gesucht ...
Mit der Befestigung der Wärmedämmung beginnt der Dachausbau. Beide Dachseiten werden in voller Fläche mit dem gewählten Material (Matten oder Platten) entsprechend den Empfehlungen der jeweiligen Hersteller verkleidet. Das Dämmaterial soll das Dach völlig abdichten. Dafür Platten lückenlos zwischen die Sparren einpassen, Matten mit den seitlich überstehenden Rändern der Alufolie sorgfältig an den Sparren befestigen. Je dichter getackert wird, desto wirksamer wird Wärmeverlust vermieden.
Das Gerüst für den Kniestock ist als nächstes an der Reihe. Dazu ist auf dem Boden bzw. auf den Lagerhölzern ein Rahmen zu befestigen, dessen Vorderkante den Anschlag für den senkrechten Teil des Kniestocks bildet. Das heißt: Die senkrechten Hölzer (an denen nachher die Wandverkleidung befestigt wird) sind durch Nägel oder Schrauben sowohl mit dem Grundrahmen als auch mit dem oberen waagerechten Anschlag zu verbinden. Das Gerüst kann so geplant und gebaut werden, daß an geeigneter Stelle eine kleine Tür einzusetzen ist: Dann kann der Raum hinter dem Kniestock später noch als Abstellraum genutzt werden.

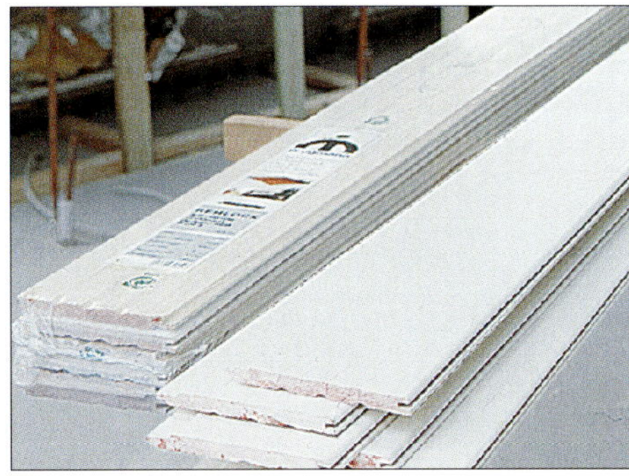

Nach dem Auspacken lagern die Profilbretter ein paar Tage im Dachraum, damit sie sich akklimatisieren können.

Eine Kappsäge bringt bessere und schnellere Ergebnisse als eine Handsäge, wenn die Profilbretter auf Länge zu schneiden sind.

Die Feder nach unten, die Nut nach oben: so werden die ersten Profilbretter montiert. Die Wasserwaage kontrolliert den korrekten Sitz.

Am Übergang vom Drempel zur Schräge wird etwas von der Feder des oberen Bretts abgesägt, damit der Anschluß genau stimmt.

Mit einem langen Profilbrett ist ständig nachzuprüfen, ob die Bretter rechts und links vom Fenster parallel verlegt wurden.

Auch die Kehlbalken sind auf genaues Fluchten zu kontrollieren und, wenn nötig, durch Leisten auf gleiche Höhe zu bringen.

Genaues Fluchten aller Bretter

Ein Dachstuhl wird aus sägerauhen Balken gebaut und ist darum naturgemäß ein relativ grobschlächtiges Bauwerk. Das sieht man dem Dach von außen nicht an – aber man merkt es, wenn man die Innenverkleidung des Dachs vorbereitet. Überprüft man mit einer gespannten Schnur, ob die Dachsparren – an denen nachher die Bretter der Dachverkleidung befestigt werden sollen – auch genau fluchten, dann kann man unter Umständen Abweichungen von einigen Zentimetern feststellen. Diese Abweichungen dürfen nicht hingenommen, sondern müssen ausgeglichen werden. Denn sie würden zur Folge haben, daß sich die Bretter bzw. die Fugen zwischen den Brettern nachher keineswegs als exakt parallele Linien abzeichnen, sondern höchst unschön als „Berg-und-Tal-Bahn" zu sehen sind.

Vor der Beschaffung der Profilbretter und des Dämmaterials sollte deshalb genau überprüft werden, ob und in welchem Ausmaß auch Leisten in unterschiedlichen Dicken zu besorgen sind, mit denen der eine oder andere Dachsparren aufgefüttert werden muß, ehe die Profilbretter montiert werden können. Es genügen Leisten, die nur wenig breiter als die Befestigungskrallen sind. Diese Leisten sind mittig auf den Dachsparren sicher zu verschrauben. Sie bieten den Nebeneffekt, daß die sich überlappenden Alurandstreifen von Dämmatten zusätzlich überdeckt und abgedichtet werden.

Solche Auffütterungsleisten müssen unter Umständen auch den Spitzboden-Kehlbalken verpaßt werden, an denen die Bretter der Zimmerdecke befestigt werden. Auch diese Balken können Einbaudifferenzen aufweisen, und deshalb müssen ihre

Unterseiten auf gleiche Höhe gebracht werden.
Bei der Montage der Bretter an einer Schräge mit Dachflächenfenstern kann man nur bis auf die Höhe des Fensterbretts durchlaufende Profilbretter montieren. Danach werden die Flächen rechts und links vom Fensterausschnitt separat verkleidet. Hier kann es bei ungenauer Arbeit leicht passieren, daß die Bretter in beiden Teilbereichen nicht gleichmäßig genug zusammengefügt werden und daß dann das erste durchgehende Brett über dem Fenster auf unterschiedlich breiten Fugen sitzt. Hier sollte man mit einem langen Profilbrett regelmäßig kontrollieren, ob die Bretter rechts und links vom Fenster auch wirklich parallel verlegt worden sind.
An E-Anschlüsse muß man rechtzeitig denken. Vom Elektriker werden vor der Montage der Verkleidung die Leitungen verlegt; mit der Lochsäge werden die Ausschnitte für Schalter oder Steckdosen in die Bretter geschnitten.

***Einen perfekten Anschluß** bilden hier die horizontalen Profilbretter unter dem Spitzgiebel gegen die Dachschräge.*

***Vier Hände** sind besser als zwei, wenn die langen Bretter mit einem Elektrotacker an die Kehlbalken geklammert werden.*

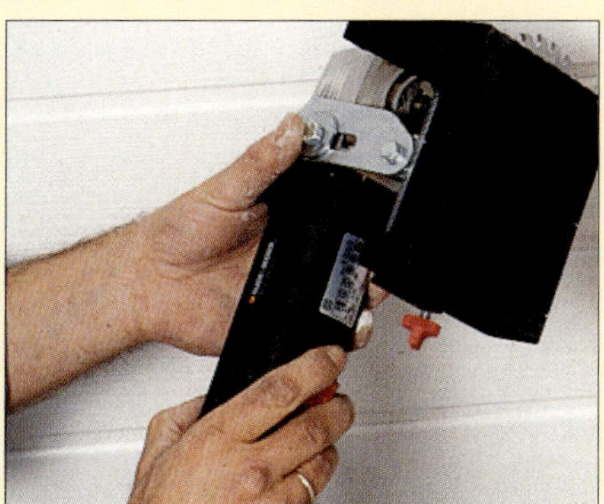

Saubere Kanten mit der Schattenfugensäge

Wie genau man immer ablängt und montiert: Die seitlichen Abschlüsse der Dachverkleidungen verlangen meist nach einer Nacharbeit. Mit einer Schattenfugensäge ist dies im Nu erledigt. Die Schnittiefe wird auf die Brettstärke eingestellt, eine Fugenbreite von 12 mm ergibt sich, wenn mit der Anlegeplatte an der Wand entlanggefahren wird. Sichtbare Leisten der Unterkonstruktion werden nachgestrichen.

Mit Holz wird

Eine Attraktion ist diese dreidimensionale Wandverkleidung schon durch die besondere Farbgebung.

die Wand fast zur Skulptur.

Die Profilbretter sind hier nicht einfach vor die Wand genagelt, sondern in zwei Ebenen montiert. Deshalb ist die Wandverkleidung plastisch wie eine Skulptur.

Bei den meisten Wandverkleidungen sind die Profilbretter in einer Fläche auf der Unterlattung befestigt. Auch da, wo in dieser Fläche durch unterschiedliche Anordnung der Bretter Ornamente gebildet sind, bleibt die Wandverkleidung zweidimensional. Dafür sind auf anderen Seiten dieses Buchs durchaus attraktive Beispiele zu sehen.
Eine ganz und gar ungewöhnliche Lösung wird hier vorgestellt. Diese Wandverkleidung ist dreidimensional, weil ihr oberer Teil um eine gute Handbreit vor dem unteren Teil angebracht ist. Das wird durch die unterschiedlichen Anstriche der Bretter betont, mehr noch aber durch das schmale Regal, das in den oberen Bereich der Wandverkleidung eingebaut ist. Und um dem ganzen Gebilde buchstäblich ein paar Glanzlichter aufzusetzen, sind hinter der fliederfarben gestrichenen Blende, die die beiden Ebenen voneinander trennt, noch einige Strahler eingebaut. Auch im Regal werden die auf Glasborden abgestellten Objekte durch die Beleuchtung effektvoll zur Schau gestellt.
Diese Idee zu realisieren ist mit einiger Mühe verbunden; sie erfordert etwas mehr Arbeitsaufwand als eine Wandverkleidung üblicher Art. Aber keine Frage: Die Mühe lohnt sich. Der Materialeinsatz ist dagegen nur geringfügig höher, denn als Distanzstücke hinter den Profilbrettern im oberen Bereich werden einfache Spanplattenstreifen plus Montageleisten benötigt.

Die Fugenlinien an der Wand sind probeweise gezeichnet, damit die tiefsten Punkte der Zickzacklinie auf einem Brettstoß liegen. Nun kann die Zickzacklinie angetragen werden.

Die Unterlattung für den unteren Teil der Wandverkleidung kann nun entsprechend den Markierungen mit Dübeln und Schrauben auf der Wand befestigt werden.

10 cm breite Spanplattenstreifen, verbunden mit Eckleisten, werden in 60 bis 70 cm Abstand als Unterlattung der oberen Wandverkleidung an die Wand geschraubt.

Versteck für die Beleuchtung

Die Zickzacklinie trennt nicht nur die beiden Teile der Wandverkleidung, sondern ist zugleich das Versteck für die Beleuchtung, die dahinter eingebaut ist. Man befestigt entsprechend dem Verlauf der Zickzacklinie 10 cm breite Spanplattenstreifen mit angeschraubten Eckleisten an der Wand und kann darin winzige Halogenstrahler einsetzen.
An der Wand darüber sind weitere Spanplattenstreifen waagerecht anzubringen. Dann können die Bretter im unteren und oberen Teil der Wand eingepaßt und mit den üblichen Krallen befestigt werden. Der Trafo für die Beleuchtung wird im Hohlraum hinter der oberen Verkleidung an die Wand geschraubt.

Den oberen Abschluß bildet eine breite Blende aus Spanplatte, die an der Decke an eine Leiste und am unteren Rand an eine Spanplatte mit zwei Eckleisten geschraubt wird.

Die Schattenfuge unter der Blende an der Decke und über dem unteren Spanplattenstreifen wird schwarz ausgemalt, bevor die Bretter montiert werden.

Eine Tischkreissäge *mit Winkelanschlag arbeitet beim Ablängen der Bretter genauer und schneller als eine handgeführte Säge. Die gute Seite der Bretter liegt oben.*

Ein Nagler *verhindert beim Einschlagen der Nägel in die Krallen das Beschädigen der Bretter. Wichtig: Es müssen zu den Brettern passende Krallen verwendet werden.*

Das Einbauregal *wird seitlich durch zwei senkrecht eingesetzte Streifen beschichteter Spanplatte begrenzt. Der V-förmige Boden bildet den Abschluß in Höhe der Blende.*

Glasböden *ruhen auf Bordträgern, für die vor Einbau der Seitenwände die Löcher gebohrt werden sollten. Der Inhalt des Regals wird durch einen Strahler von oben beleuchtet.*

Wandverkleidung

Allerlei liebenswerte Dinge können auf dem Glasbord abgestellt werden, von Röhrenleuchten angestrahlt.

mit besonderem Blickfang

Wenn Profilbretter an der Wand schön ordentlich nebeneinander aufgereiht sind, tut ein solches „Schaufenster" als Blickfang ganz gut.

Eine Wandverkleidung aus unbehandeltem oder nur farblos lasiertem oder gewachstem Holz wirkt zwar durch das abwechslungsreiche Farbbild und die Maserung immer lebendig. Aber nach einiger Zeit beachtet man diese Charakteristika gar nicht mehr. Da ist es gut, wenn die Wandverkleidung sozusagen einen eingebauten Blickfang aufweist.
Hier ist in der in Eßtischhöhe ansetzenden Wandverkleidung eine dreieckige Fläche ausgespart, die dadurch zum Blickfang wird, daß auf dem Glasbord in diesem Dreieck immer wieder andere Dinge abgestellt werden können. Und der schmale Wandsockel an der Basis dieses Dreiecks muß nicht nur den am Eßtisch benötigten Würzzutaten als Abstellfläche dienen: Hier kann auch mal liebenswerter Schnickschnack oder ein Bild abgestellt werden. Solche Abwechslung in der Dekoration springt zuallererst ins Auge, wenn man am Eßtisch sitzt; sie wird sicher aber auch aus größerem Abstand, aus der Sitzgruppe etwa, wahrgenommen und erfüllt so ihren Zweck, einen interessanten Akzent auf der Wandverkleidung zu setzen.
Dafür sorgt vor allem die raffinierte Beleuchtung: An der Unterlattung sind nämlich dünne Leuchtröhren befestigt. Damit sie die Schaustücke beleuchtet, aber nicht blendet, sind die Bretter ziemlich weit unter die Latten heruntergezogen worden (siehe übernächste Seite).

Dachlatten für die Unterkonstruktion werden hochkant, also mit ihrer Schmalseite, an die Wand geschraubt. Das gibt zwischen Wand und Verkleidung mehr Platz für die Leuchten.

Die Abstände der Latten für die Holzverkleidung betragen 50 cm. Die Positionen der Latten am Boden, an der Decke und in Höhe der Konsole liegen allerdings fest.

***Der Wandsockel** wird mit 16 mm dicken Spanplatten verkleidet. Die Platten werden angeschraubt, die Schraubenköpfe sind zu versenken, ehe die Platten tapeziert werden.*

Glasfaser- oder Prägetapete

Das „Schaufenster" in der Wandverkleidung wird, nachdem die Unterlattung montiert ist, mit einer Strukturtapete beklebt. Die gleiche Tapete kann auch auf den Wandsockel geklebt werden, der – wie es im Foto links zu sehen ist – mit Spanplatten verkleidet wird. Auf diesen Spanplatten-Sockel wird eine breite Leiste geschraubt, auf die sich auch die Schmalseite des Eßtisches stützt.
Das Glasbord wird übrigens ganz raffiniert befestigt: In die Randleisten, mit denen die Giebelseiten des Dreiecks eingefaßt sind, werden Nuten gesägt. In diese Nuten schiebt man das Bord (das deshalb nur relativ schmal sein darf, damit es nicht nach vorn kippt).

***Auf Stoß** werden die Tapetenbahnen im Dreieckfeld angeklebt. Die Bahnen werden gut gegen die Latten gedrückt und dann sauber im Winkel abgeschnitten.*

***Die Farbe** kann erst aufgetragen werden, wenn die Tapete wieder trocken ist. Das dauert einige Zeit, weil die Struktur der Oberfläche viel Farbe aufnehmen kann.*

Die Leuchten werden an der Innenseite der schrägen Latten befestigt. Das kann man selber machen. Den Anschluß der Leuchten (und eines Dimmers) überläßt man dem Elektriker.

Das Ablagebord als Abschluß des Wandsockels wird mit Stiften befestigt. Die Nagelköpfchen versenken, verspachteln und zusätzlich mit etwas Farbe abdecken.

Ein exakter Abschluß für alle Bretter wird erreicht, wenn während der Montage ein dünnes Brett als Abstandhalter auf dem Ablagebord abgelegt wird.

Die Schrägkanten im Winkel von 45 Grad müssen sehr genau gesägt werden – auch wenn nachher farbige Randleisten über den Schnittkanten der Bretter befestigt werden.

Paneele an schräger Wand

An Paneelen kommt man kaum noch vorbei, wenn man nach einer Dekoration besonderer Art für Wand und Decke sucht. Hier ein weiteres Beispiel.

Eine teilweise schräg verlaufende Wand in einer Dachwohnung kann ein Ärgernis sein: zum Beispiel deshalb, weil davor kein größeres Möbel aufgestellt oder kein Bild an die Schräge gehängt werden kann. Die Dachschräge kann aber auch dazu genutzt werden, dem Raum einen besonderen Akzent zu geben, indem man die anders nicht zu nutzende Fläche mit Holz verkleidet und sie so zum Blickfang macht. Man kann noch einen Schritt weitergehen und die waagerechte Zimmerdecke ebenfalls mit Holz verkleiden: Die Dachschräge schafft dann einen Übergang zwischen der Holzdecke und den Wänden mit Anstrich. Und ein weiteres Detail macht aus dieser Gestaltungsidee ein perfektes Raumkonzept: In die Deckenverkleidung werden Strahler eingebaut. So werden ästhetische Lösung und praktischer Nutzen aufs beste vereint.

Am überzeugendsten wirkt das natürlich erst dann, wenn für die Verkleidung von Decke und Wandschräge nicht irgendein Billigprodukt gewählt wird, sondern ein perfektes Paneelsystem mit einer edlen Holzoberfläche, zu dem es auch passende Abschlußleisten gibt. Das kostet einiges, aber es ist ja schließlich keine Anschaffung nur für eine kurze Dauer: Paneele wechselt man nicht so oft wie den Anstrich auf einer Rauhfasertapete, sondern sie sind eine Investition auf lange Sicht. Hat man sie perfekt eingebaut, wird man über viele Jahre seine Freude daran haben.

und an der Decke

Ahornpaneele natur und mit sherryfarben lasierter Oberfläche prägen dieses Ambiente.

Dicht geschlossene Fugen oder Schattenfugen

Es gibt Dekorpaneele, die mit besonders breiter Feder – und entsprechend tiefer Nut – versehen sind. Dieses Detail erschließt interessante Möglichkeiten: Man kann die Paneele dicht an dicht, mit kaum auffallenden Fugen, verlegen. Oder man kann zwischen den Paneelen eine Schattenfuge vorsehen, indem man Feder und Nut nicht so tief ineinandersteckt. Bei der Montage muß allerdings mit einem Distanzklotz für gleichmäßige Breite dieser Schattenfugen gesorgt werden.

Für jeden Stil und Anspruch

Paneele – ob nun Echtholz-, Dekor- oder Massivholzpaneele – sind als Gestaltungselemente vielseitig einsetzbar. Es wäre einiges verschenkt, wenn damit eine Wand- oder Deckenfläche von Rand zu Rand einfach nur gefüllt würde, mit schlicht waagerecht oder senkrecht neben- und übereinander aufgereihten Paneelen. Die vielfältigen Gestaltungsmöglichkeiten beginnen bei einigen Paneelsystemen schon mit der unterschiedlichen Fugenbildung, wie auf den Fotos links zu sehen ist. Daneben kann man, wie im Foto auf den vorhergehenden Seiten gezeigt, zwei unterschiedliche Holzarten oder verschiedenartige Oberflächenbehandlungen der gleichen Holzart miteinander kombinieren.
Der kreative Selbermacher kann sich für eine „einfarbige" Fläche einiges einfallen lassen, wie mit einem Beispiel auf der rechten Seite links unten vorgeführt wird. Eine nicht unwichtige Rolle spielen dabei auch Dekorleisten für die Randeinfassung von Paneelflächen.

***Paneele und Licht** aus Einbaustrahlern ergänzen sich hier. Diese Paneele an der Decke sind mit einer Dekorfolie überzogen.*

Echtholzpaneele aus Hemlock an der Decke und mit einem raffinierten Ornament an der Wand: eine edle und elegante Lösung.

Massivholzpaneele aus matt glänzend lasierter Fichte lassen diesen Raum modern und dabei überaus wohnlich wirken.

Einen deutlichen Kontrast zu gefliester Wand und den Paneelen in Esche weiß bildet diese Abschlußleiste mit Schwarzweißdekor.

Unsichtbar befestigt werden die Leisten auf Kunststoffclips, die am Rand der Dekorpaneele an die Decke geschraubt sind.

Perfektion mit schönen Leisten

Bei der Gestaltung einer Paneelfläche, die nur einen Teil einer Wand oder der Decke füllt, kommt es wie bei einem Bild auch auf den Rahmen an. Und selbst bei einer wand- oder deckenfüllenden Paneelfläche wird der Gesamteindruck auch davon abhängen, wie sich diese Bekleidung gegen die angrenzenden Flächen abgrenzt. Eine simple Schattenfuge wäre die billigste, aber sicher nicht immer die stilistisch adäquate Lösung. Und eine wuchtige dunkle Randleiste um eine Paneelfläche mit zart gemasertem Holz könnte man als ebenso unpassend empfinden wie eine Kombination zweier unähnlicher Hölzer für Paneel und Abschlußleiste.
Wer sich im Baumarkt oder in der Holzhandlung umschaut, wird neben dem in den letzten Jahren überaus vielfältig erweiterten Sortiment an Paneelen mit unterschiedlichen Oberflächen eine Fülle von Leisten finden, die einerseits in Holzart oder Farbe auf die angebotenen Paneele abgestimmt sind, andererseits mit vielen unterschiedlichen Profilen aufwarten.

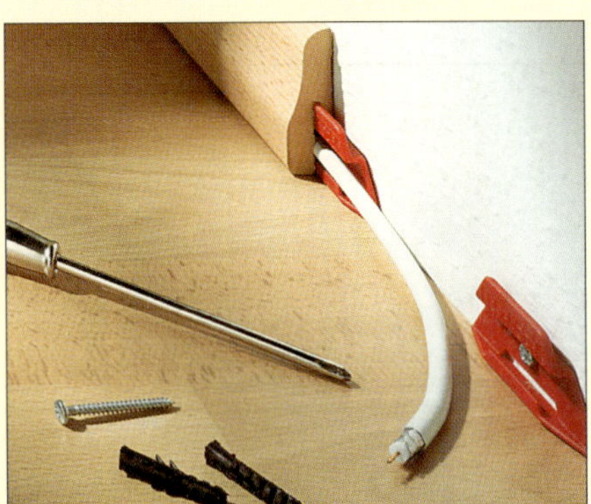

Versteck für lästige Antennen- oder Lautsprecherkabel

Frei liegende Kabel sind keine Augenweide, sie können zur Stolperfalle werden und sind zumindest beim Staubsaugen lästig. Mit solchen Sockelleisten vor einer Paneelwand – aber auch an den anderen Wänden – sind die Kabel aus dem Weg zu schaffen. Die Leisten stekken auf an die Wand geschraubten Clips und lassen sich bei Renovierungen mühelos abnehmen. Bis zu 10 mm dicke Kabel können hier versteckt werden.

Es gibt Echtholz- und Dekorleisten, sogar solche mit Silber- oder Goldfolien, sowie zweifarbige Dekore.
Die Auswahl ist so groß, daß schon einige Überlegung nötig ist, bevor man sich für das eine oder andere Profil entscheidet und damit eine optimale farbliche oder stilistische Anpassung zwischen „Bild“ und „Rahmen“ erzielt.
Viele Leisten weisen eingefräste Nuten auf, so daß man sie auf die Paneele stecken kann. Daneben gibt es Leisten, die auf spezielle Clips gesteckt werden, die zuvor an den Rand der Paneelfläche geschraubt werden.
Mit den Randleisten läßt sich auch gleich das eine oder andere Problem lösen. So kann die Abschlußleiste einer Paneelfläche an der Decke die Vorhangschiene tarnen. Oder es gibt zum Beispiel Sockelleisten, hinter denen Lautsprecher- und Antennenkabel versteckt werden können. Diese Leisten werden mit Oberflächen passend zu den Paneelen geliefert – sie werden natürlich auch an den nicht mit Paneelen verkleideten Flächen verlegt. Sie sind auf Clips aufzustecken: Will man die Wand neu streichen oder tapezieren, können die Leisten einfach von den Clips abgezogen und nach getaner Renovierung der Wand wieder aufgesteckt werden.
Ein breites Feld tut sich also auch bei den Leisten auf, und es empfiehlt sich, sich über das Angebot ebenso sorgfältig zu informieren, wie man sich vor dem Kauf der Paneele einen Marktüberblick verschaffen sollte. Nutzt man Sonderangebote der Holzhändler oder reichen die häufig als Restmengen angebotenen Partien für das geplante Vorhaben aus, kann man dabei viel Geld sparen.

Eine Falzleiste ist ein sauberer Abschluß dort, wo ein Übergang von einer Holzvertäfelung zur geputzten Zimmerdecke herzustellen ist.

Perfekte gestaltete Winkel schaffen Selbermacher mit flexiblen Faltleisten. Man heftet sie an oder steckt sie in den Paneelfalz.

Doppelte Funktion: Gut versteckt liegt hinter dieser Abschlußleiste einer Deckenverkleidung die Gardinenschiene.

Mit Profilholz Wände und

Präzisionsarbeit ist die Anordnung senkrechter und waagerechter Teile der Wandverkleidung.

Schranktüren verkleiden

Zwei besondere Lösungen zeichnen diesen Raum aus: die Art der Wandverkleidung und – siehe die nächsten Seiten – die Verkleidung der Schranktüren.

Eine klare Gliederung der Wand wird hier durch die Fugen des stehenden Profilholzes und die breiten Leimholzstreifen neben dem Fenster und unter der Decke vorgegeben. Es ist nicht üblich, Profilbretter und Leimholz miteinander zu kombinieren, denn sie weisen doch recht unterschiedliche Maserungsverläufe auf.
Durch die weißtransparente Lasur auf allen Holzflächen wird dies jedoch ausgeglichen. Nicht so sehr der Charakter des Holzes gibt hier den Ton an, sondern die Geometrie, die Anordnung der einzelnen Elemente der Wandverkleidung.
Das ergibt zusammen mit den Farben des Teppichbodens und der Einrichtung eine wohltuend frische Stimmung.
Studiert man die Details der Wandverkleidung, dann wird deutlich, daß hier nichts dem Zufall überlassen bleibt, sondern daß das Zusammentreffen der Profilbretter und der ergänzenden Leimholzstreifen genau berechnet ist bzw. die Leimholzstreifen so geschnitten sind, daß die Wand eine perfekte Aufgliederung zeigt.
Und dies setzt sich natürlich an anderen Wänden fort, vor allem in dem geräumigen Einbauschrank (der auf Seite 111 deutlicher zu sehen ist) und dessen ebenfalls mit Profilbrettern verkleideten Schiebetüren.
All dies ist für Selbermacher eine richtige Herausforderung, nicht so sehr bei der Montagearbeit als vielmehr bei der gründlichen und genauen Planung vorher.

Hinter die Leimholzstreifen werden 10 cm breite Spanplattenstreifen so geschraubt, daß sie um etwa 2 cm überlappen; darauf wird das erste Profilbrett befestigt.

Als erstes werden die waagerechten Leimholzstreifen direkt unter der Decke angeschraubt. Die senkrechten Streifen werden dann bis zur Fußleiste eingepaßt.

Hier gehen **Profilbretter** mit Leimholz

In Durchsteckmontage *werden die Leimholzstreifen an der Wand befestigt. Die Köpfe der Schrauben sind gut zu versenken und dann mit Spachtelmasse auszustreichen.*

Als Unterkonstruktion *für die präzise zugeschnittenen Profilbretter werden in Abständen von 50 cm Spanplattenstreifen an die Wand geschraubt.*

Die Profilbretter *dieses Beispiels waren fertig lasiert. Wer unbehandeltes Holz kauft, muß die Lasur vor dem Einbau auftragen, damit die Federn in ganzer Breite gedeckt sind.*

Schmale Felder *wie hier neben dem Fenster werden am besten mit gleich breiten Profilbrettern gefüllt, den Breitenausgleich also nicht nur an einem Brett herstellen.*

eine perfekte Kombination ein.

Der Einbauschrank als Herausforderung für Selbermacher

Schlicht und unauffällig wirkt der Schrank bei geschlossenen Türen, da er mit den gleichen Materialien wie die übrigen Wände verkleidet ist. Das heißt: Man könnte den Schrank von Grund auf selber bauen, indem man zwischen senkrechte Stützwände Kleiderstangen und Ablageborde einbaut. Man könnte aber auch von einem vorhandenen Schrank die Türen abmontieren und dafür hinter den Leimholzblenden unter der Zimmerdecke Schienen für Schiebetüren befestigen.
Diese Schiebetüren werden in „Sandwich-Technik“ konstruiert: Eine 16 mm dicke Tischlerplatte dient als Träger, auf ihr sind die gleichen weiß lasierten Profilbretter befestigt, wie sie auch für die Verkleidung der übrigen Wände verwendet werden.
So paßt der Einbauschrank perfekt zur Raumgestaltung.
Weil die Türen des ruhigeren Gesamteindrucks wegen relativ breit sind, werden sie auch ziemlich schwer. Das bedeutet, daß ausreichend tragfähige Schienen und Rollen verwendet werden müssen und daß die Befestigung dieser Teile auch zuverlässig gut ausgeführt werden muß. Für die Schienen wird auf dem obersten Boden des Schranks ein Massivholzbrett befestigt, in dem die Befestigungsschrauben für die Schienen sicheren Halt finden. Und die Laufrollen müssen ebenfalls mit ausreichend langen Schrauben in den Tischlerplatten der Türen verankert sein.

Die Schranktüren sind als „Sandwich" gebaut.

***Das erste Profilbrett** der Türverkleidung wird so zugeschnitten und festgestiftet, daß der abgeschnittene Streifen (mit abgesägter Feder) die Schnittkante der Platte abdeckt.*

Türenbreite nach Brettmaß

Auf den Schranktüren sollen möglichst nur ganze Brettbreiten sichtbar sein. Deshalb kann es ganz nützlich sein, die Profilbretter probeweise mit Nut und Feder zusammenzustecken und die Breite der Tischlerplatte danach zu errechnen. Das erste Profilbrett wird allerdings so zugeschnitten, daß ein schmaler Streifen zur Abdeckung der Trägerplattenkante eingesetzt werden kann.
Wenn das Breitenmaß der Türen dann etwas größer als Schrankbreite ist, macht das nichts, denn die Türen laufen ja hintereinander – die Überlappung stört nicht. Besonders elegant wird der Schrank, wenn zum Schluß große Griffstangen auf die Türen geschraubt werden.

***Die Tragflansche** der Laufrollen sind mit langen Schrauben sicher in der massiven Deckleiste und in der Trägerplatte zu verankern. Die Schraubenlöcher sind vorzubohren.*

***Beide Schiebetüren** werden auf gleiche Höhe ausgerichtet (die Laufrollen können mit einer Stellschraube justiert werden). Erst dann wird die Leimholzblende befestigt.*

SDS

Bohrfutterwechsel: blitzschnell und ohne Werkzeug.

Mitgeliefertes Wechselfutter zum Arbeiten in Holz und Metall.

SDS-plus-System zum Hämmern und Meißeln.

Dank Drehstop: mühelos Fliesen los.

Für den neuen Bosch Hammer PBH 240 RE gibt es kaum noch Hindernisse. Sein pneumatisches Hammerwerk mit seiner hohen Schlagkraft macht das Bohren in Beton spielend leicht. Einfacher Bohrfutterwechsel mit Bosch SDS. Dadurch präzises Arbeiten in allen Materialien. Mehr Infos beim Fachhändler, im Internet – http://www.bosch-pt.de – oder unter der Servicenummer 01 80 - 3 33 57 99.

BOSCH

Genial einfach. Einfach genial.

Kreatives Spiel mit Licht

und vielgestaltigen Paneelen

Dieses Buch enthält nicht wenige Anregungen für die Kombination von Paneelen und Leuchten. Das Beispiel hier ist darunter wohl das ungewöhnlichste.

Holz an der Decke ist ein Thema mit vielen Variationen. Gemeinsam ist den Deckenvertäfelungen, daß sie sich immer auf die ganze Fläche oder wenigstens auf große Bereiche beziehen – beispielsweise dann, wenn ein Teil des Raums besonders betont und dadurch vom übrigen Raum zumindest optisch abgeteilt werden soll. Bei dem hier vorgestellten Beispiel sind die Designer von anderen Überlegungen ausgegangen. Die von ihnen entwickelten Paneele sollen nicht zur Verkleidung der Decke dienen, sondern sind Gestaltungselemente, die mit Form, Farbe und Licht für vielfältige Varianten einzusetzen sind. Man kann in den Deckenpaneelen großflächige Leuchten oder dekorative Kunstobjekte sehen, die dann optimal eingesetzt sind, wenn sie Stilelemente und Formen der übrigen Einrichtung aufgreifen.
Es bleibt nicht dem Käufer und Anwender überlassen, zu den Paneelen nun noch passende Einbauleuchten auszusuchen: Strahler und alle Anschlußteile sind Bestandteile dieses Systems, ebenso wie die Befestigungselemente, mit denen die Paneele im richtigen Abstand zur Decke montiert werden (und die man durch Randleisten verdecken kann, wenn einen die frei abgehängten Paneele stören).
Ein rundum komplettes und vielseitig einsetzbares Paneelsystem also, bei dem die kontrastreichen Furnieroberflächen eine gleiche Bedeutung haben wie z. B. Lackflächen in verschiedenen Farben.

Wie Teile aus einem **Baukasten** können

Der Planungsbogen ist eine Hilfe, wenn man aus verschiedenen Paneelformen eine größere Fläche zusammenstellen will.

***Deckenmodule und Randleisten** werden entsprechend der Planskizze zurechtgelegt und für die Montage vorbereitet.*

***Sacklöcher** für die Trägerarme der Montagebeschläge sind bereits vorhanden. Schnellverschlüsse verbinden Paneel und Trägerarme.*

Paneele und Leuchten variiert werden.

Planungshilfe wird mitgeliefert

Weil die Anwendung dieser Paneele vielen trotz der perfekt aufeinander abgestimmten Bauteile eine gewisse Übung abverlangt, liefern Designer und Hersteller genau dieses Übungsmaterial mit: Dem Systemhandbuch liegt ein Planungsbogen bei, mit dessen Hilfe man ausprobieren kann, welche Kombination für die eigenen Bedürfnisse die richtige ist. Denn die Paneele werden nicht nur als 30 × 30 cm großes Quadrat und als dazu passendes Dreieck angeboten; es gibt auch ein 60 × 60 cm großes Quadrat, ein 60 × 30 cm großes Rechteck sowie einen Viertelkreis und einen Zwölftelkreis. Damit eröffnen sich natürlich zahllose Variationen, die man mit dem Planungsbogen sicher nicht alle durchspielen kann und will; aber man kommt mit dessen Hilfe schneller zu der Paneelkombination, die einem am besten gefällt.

Außer daß man die gewünschten Paneelformen wählt und in einer individuellen Anordnung zusammenstellt, hat man eine weitere Wahl zu treffen, denn die Paneele werden mit zehn verschiedenen Oberflächen angeboten. Es gibt eine Wurzelmaserung, Furniere in Eiche natur, Anigre, Buche hell und Esche schwarz sowie Lack in Weiß, Schwarz, Blau, farblos (die Farbe einer MDF-Platte) und in Weiß mit einem Muster. Da ist zu entscheiden, welche Farbe oder welches Holz am besten zu den Farben und Materialien des Raums paßt vielleicht aber auch, ob man zwei unterschiedliche Oberflächen in einer Paneelfläche kombinieren will. Der Service des Herstellers geht weiter: Es wird nicht nur ein Planungsbogen angeboten, sondern auch eine Bohrschablone, mit der die Montage leicht gelingen kann.

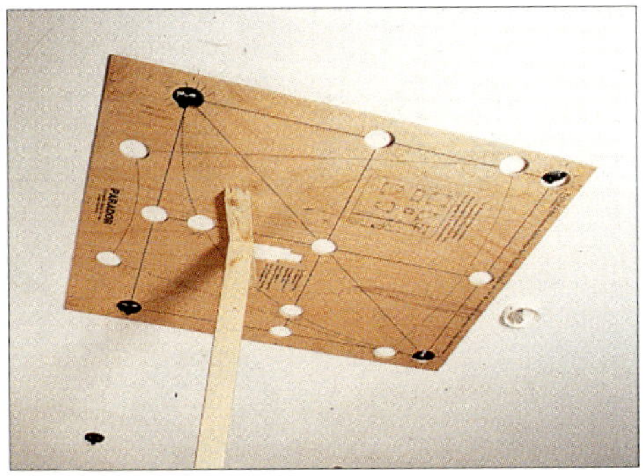

In der Schablone sind Löcher für die Befestigungspunkte vorgestanzt, die Umrisse der verschiedenen Module sind aufgedruckt.

Die Grundplatte eines Trägerbeschlags kann durch die Schablone angeschraubt und dank Langloch exakt ausgerichtet werden.

Die Träger für die Paneele, als „Trilogen" bezeichnet, sind montiert und auf die ausgewählten Paneelformen ausgerichtet.

Auch der **Lichtanschluß** ist bei diesem

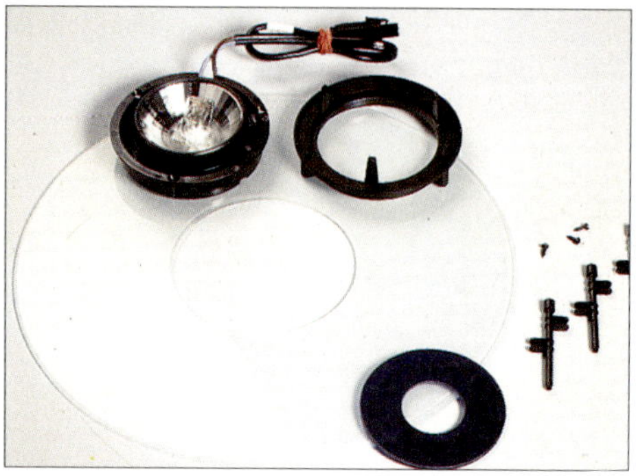

Die Leuchte, *hier ein Downlight mit Streuscheibe, die auch später vorgesetzt werden kann, ist schnell zu montieren.*

Kabel mit Steckverbindungen

Auch wer sich zutraut, Wand- oder Deckenpaneele zu montieren, kann trotzdem einige Scheu davor haben, sich mit Elektroarbeiten abzugeben. Darüber haben sich Entwickler und Hersteller dieses Systems natürlich auch ihre Gedanken gemacht und nach einer Lösung gesucht, wie diese wichtige Komponente des Systems von jedem genutzt und die entsprechenden Einbauarbeiten dem Selbermacher so leicht wie nur möglich gemacht werden können. Vor allem: wie jedes Risiko einer unsachgemäßen Montage vermieden wird. Denn die könnte schlimme Folgen haben, selbst wenn die Einbauleuchten im Niedervoltbereich betrieben werden. Bis zu den Trafos, die zu jeder Leuchte oder Leuchtengruppe gehören, hat man es ja mit einer Spannung von 220 Volt zu tun.

Die Fotos zeigen, wie die Lösung aussieht: Alle Verbindungen werden gesteckt, auch die Trafos werden durch Stecker miteinander verbunden. Das macht die Montage der Beleuchtung schnell und vor allem

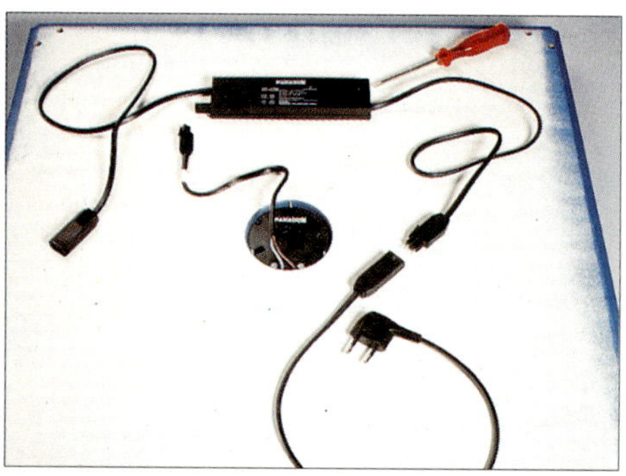

Ein Trafo zu jeder Leuchte *ist notwendig. Die Anschlüsse, auch die der Trafos untereinander, werden einfach gesteckt.*

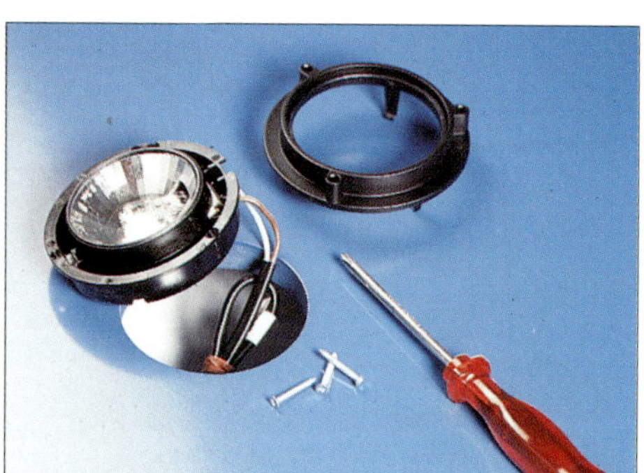

Alle Leuchten *haben den gleichen Durchmesser, werden auf die gleiche Weise eingesetzt und durch einen Befestigungsring gesichert.*

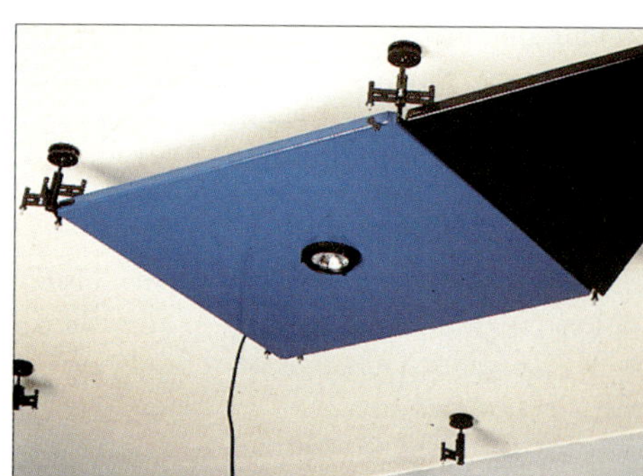

Von innen nach außen *werden die Deckenpaneele angebracht. Alles paßt perfekt, weil die Trilogen per Schablone plaziert wurden.*

sicher. Auch die Leuchten selbst sind einfach zu montieren. Sie werden von unten in die vorgebohrten Löcher, die für alle Leuchten den gleichen Durchmesser haben, eingesetzt und durch einen aufgeschraubten Befestigungsring gesichert. Die Kabel werden auf der Oberseite der Paneele verlegt.

Fünf Leuchtentypen mit unterschiedlichen Funktionen gehören zu dem System: Downlights sorgen für Allgemeinbeleuchtung; in einer Variante mit einem Vorsatzglasring streuen diese Leuchten das Licht sogar noch breiter. Schwenkbare Strahler setzen einzelne Objekte ins rechte Licht. Mit sogenannten Sternenlichtern kann man Effekte setzen. Und schließlich wird noch eine Pendelleuchte mit Vorsatzglasring angeboten, mit der ein Tisch blendfrei beleuchtet werden kann.

Dank der Steckverbindungen kann jede Leuchte, jeder Strahler auch nachträglich gegen einen anderen Typ ausgetauscht werden, ohne daß die Paneele von der Decke abgenommen werden müssen.

Die Technik kann hinter Randleisten versteckt werden

Passend zu allen Paneelformen gibt es Randleisten, die nach der Befestigung aller Module mit je zwei Klammern in Stifte an den Modulen einrasten. Die Leisten können jederzeit abgenommen werden, wenn man Veränderungen oder Reparaturen an der Elektrik vornehmen will oder muß. Mit den Leisten wirken die Deckenpaneele massiver, störende Technik ist hinter ihnen gut versteckt.

Alle Module, *die bereits montiert sind, werden auch gleich elektrisch miteinander verbunden; noch erreicht man alle Stecker.*

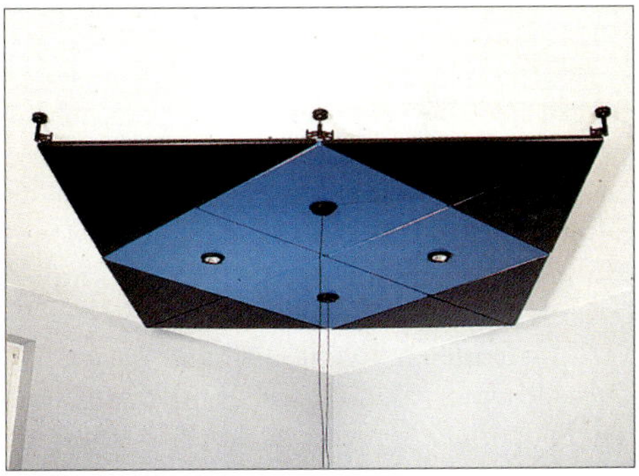

Das Deckenpaneel *ist fertig montiert. Es ist mit zwei Downlights und zwei Pendelleuchten über einem Eßtisch bestückt worden.*

Für jeden Kreuzungspunkt *wird ein Triloge mit bis zu acht Trägerarmen benötigt, nur in der Mitte sind vier Trägerarme nötig.*

Wände einer Sauna müssen

Man sagt: Holz atmet, weil es Feuchtigkeit aufnehmen und wieder abgeben kann. In der Sauna ist diese Eigenschaft besonders wichtig und willkommen.

Eine härtere Belastung für Holz läßt sich kaum denken: In der aufgeheizten Sauna muß ein Brett der Wandverkleidung dicht unter der Decke eine Temperatur von vielleicht 100° C aushalten, während am Boden unter Umständen nicht einmal Körpertemperatur erreicht wird. Das Hygrometer zeigt dabei eine extrem niedrige Luftfeuchtigkeit an, die aber bei einem Aufguß blitzschnell ansteigt und dann auch wieder absinkt. Das heißt: Das Holz hat den entstandenen Wasserdampf aufgenommen, und es nimmt auch den verdunstenden Schweiß auf.

Diese krassen Wechsel der Temperatur und der Feuchtigkeit geben in der Privatsauna wegen der niedrigeren Besuchsfrequenz dem Holz ausreichend Zeit, sich wieder zu „erholen“: Erstaunlich, daß in der öffentlichen Sauna selbst nach jahrelangem Betrieb am Holz keinerlei Schäden zu erkennen sind – von einem mehr oder weniger starken Nachdunkeln abgesehen. Hier zeigen sich also die echten Qualitäten des Holze besonders deutlich. Wobei ja nicht nur die physikalische Standfestigkeit des Holzes geschätzt wird, sondern auch das „lebendige“ Aussehen, der unaufdringliche, aber doch wahrnehmbare Geruch und nicht zuletzt die Tatsache, daß Holz ein schlechter Wärmeleiter ist und deshalb die Berührung der um die 100° C heißen Wandverkleidung keine Verbrennungen auf der Haut verursacht.

immer aus Holz sein.

Der Rohbau der Sauna: Fachwerk, das mit Isoliermaterial gefüllt und mit Brettern verkleidet wird.

Die Sauna im **Eigenbau** ist preiswert und

Mit wenigen Fertigteilen gebaut

Wer im eigenen Haus eine Sauna haben will, kann sich dafür einen Bausatz mit Standardmaßen oder einen nach Maß des vorhandenen Raums modifizierten Bausatz aus Serienproduktion auswählen (und aufstellen lassen) – oder er kann sich dafür entscheiden, die Sauna von Grund auf selbst zusammenzubauen. Das ist auch für einen wenig geübten Selbermacher keine allzu schwierige Angelegenheit, deren wichtigster Vorteil ist, daß die Kosten für die Saunakabine um einiges niedriger als für eine Bausatzkabine ausfallen. Und das selbst dann, wenn zum Beispiel für die Tür ein fertiges Modell gewählt wird und der Herd samt Steuergerät ein bedeutender Posten in den Gesamtkosten ist.

Diese Fertigteile kann man bei den Saunaherstellern bestellen, die auch komplette Saunas anbieten; die übrigen Bauteile bekommt man im Baumarkt: die Kanthölzer für das Kabinengerüst, die Dämmatten aus Glaswolle, die Profilbretter für die Verkleidung, die besonderen Latten für die Sitzbänke und selbstverständlich auch die Schrauben, Nägel oder Tackerstifte für die Montage der Saunakabine.

Während bei der Bausatzsauna Wände und Decke aus jeweils mehreren schmalen Elementen zusammengesetzt werden, fertigt man bei der Eigenbausauna zunächst wand- bzw. deckengroße Rahmen (oder Fachwerke), die dann zum „Rohbau“ der Kabine zusammengefügt und miteinander verschraubt werden.

Aber bevor es soweit ist, muß erst einmal ein Plan gemacht werden: Wie groß soll – oder kann – die Sauna am

Saunatüren gibt es in vielen Versionen. Hier zwei Glastüren; man bekommt aber auch traditionelle Holztüren mit kleinerem Fenster. Beim Kauf des Saunaofens ist dem Händler die Größe der Sauna anzugeben, damit die passende Heizleistung gewählt werden kann. Beim Kauf auf das VDE-Zeichen achten.

kann genau nach Maß geplant werden.

vorgesehenen Platz werden? Eine 2 × 2 m große Kabine kann Platz für fünf Personen bieten; bequemer haben es die Saunabenutzer in einer Kabine, die ein Innenmaß von 2 × 2,50 m aufweist. Darin lassen sich in der oberen Sitzebene zwei je 2 m lange Bänke einbauen; dort können dann auch mal zwei Personen gleichzeitig liegen.
In der Regel wird man zwei Sitzebenen vorsehen: Die untere Bank ist in etwa 45 cm Höhe eingebaut, die zweite Bank in etwa 90 cm Höhe. Ist die Kabine ausreichend groß, können die Bänke in beiden Ebenen auch übereck angeordnet sein.
Die Saunatür mit dem Einbaurahmen kauft man fertig. Man bekommt neben der traditionellen Holztür mit Fenster inzwischen auch Türen mit großer Glasscheibe oder sogar Ganzglastüren.
Saunaöfen gibt es in unterschiedlichen Größen bzw. Heizleistungen. Je größer die Kabine ist, desto mehr Leistung muß der Ofen bringen; für die meisten Heimsaunen ist ein Ofen mit 6 oder 8 kW Leistung richtig (für den allerdings ein Drehstrom-Anschluß vorhanden sein muß). Zum Ofen gehört ein Steuergerät. Bei kleineren Saunaöfen ist es in dem Ofen integriert, bei den größeren Öfen wird es an der Außenwand der Saunakabine montiert. Die Montage dieser Geräte wie auch den Anschluß der Kabinenbeleuchtung läßt man vom Elektriker vornehmen.
Saunabänke kann man fertig kaufen. Dann stehen allerdings nur Standardmaße zur Auswahl. Das heißt: Man richtet die Maße der Kabine nach den Maßen der Bänke. In Baumärkten gibt es aber auch Latten aus Abachiholz mit 2 m Länge zu kaufen, so daß man mehr Spielraum bei der Planung der Kabinenmaße hat.

Als Fachwerk entstehen die Rahmen für die Wände und die Decke. 4 × 6 cm starke Latten werden stumpf miteinander verschraubt.

Waagerechte Zwischenstreben sind entsprechend der Bahnenbreite von Mineralwolle einzusetzen und durch Stützen zu versteifen.

Die fertigen Rahmen werden aufgerichtet, in den Ecken miteinander verschraubt und über Winkel auch mit der Wand verbunden.

Der Deckenrahmen *wird auf die Wandrahmen gelegt. Bei beengten Platzverhältnissen ist er vor den Wandrahmen anzuheben.*

Als Dämmaterial *verwendet man 5 cm starke Mineralwollmatten, deren Alufolie auf der Innenseite der Wände anzuordnen ist.*

Der Rahmen *wird mit der Tür geliefert. Er wird an senkrechten Latten in der Vorderwand der Kabine festgeschraubt.*

Fichte, Hemlock? Eine Preisfrage

Wie bei Fertigsaunen hat man bei der Eigenbausauna die Wahl zwischen Fichten- und Hemlockbrettern für die Verkleidung der Innenwände (Hemlock ist etwa doppelt so teuer wie Fichte in A-Qualität). Für welches Holz man sich auch entscheidet: Es muß unbehandelt sein. Und es bleibt auch unbehandelt. Weder soll das Holz durch Beize oder Lasur gefärbt werden, noch darf es einen Schutzanstrich bekommen, der das Saunaklima nur ungünstig beeinflussen würde.
Für die Bänke eignet sich (ebenfalls unbehandeltes) Abachi am besten. Dieses weiche Holz ist ein extrem schlechter Wärmeleiter und fühlt sich deshalb auch in der heißesten Sauna angenehm an. Die Bänke sollten zwischen 55 und 60 cm tief sein, zwischen den Latten bleiben 1 bis 2 cm breite Zwischenräume. An den Schmalseiten liegen die Bänke auf Leisten auf, die an die Wände geschraubt sind. In Abständen von 60 bis 70 cm sind außerdem Zwischenstützen vorzusehen, damit die Bänke sicheren Halt haben.
Ganz wichtig sind zwei Öffnungen für die Be- und Entlüftung der Saunakabine. Die Zuluftöffnung ist direkt unter dem Saunaofen anzuordnen. Sie ist immer offen; ein Drahtgitter verwehrt Kleintieren den Zugang zur Sauna. Die Abluftöffnung ist im Idealfall diagonal gegenüber dem Ofen hoch an der Wand plaziert. Sie wird mit einem Schieber versehen, damit man den Luftaustausch regulieren kann. Beide Öffnungen sind jeweils etwa 10 × 20 cm groß.

sich für den Innenausbau der Sauna.

Für den Saunaofen sind besondere Stützen in der Wand und darin auch das Schutzrohr für das Stromkabel vorzusehen.

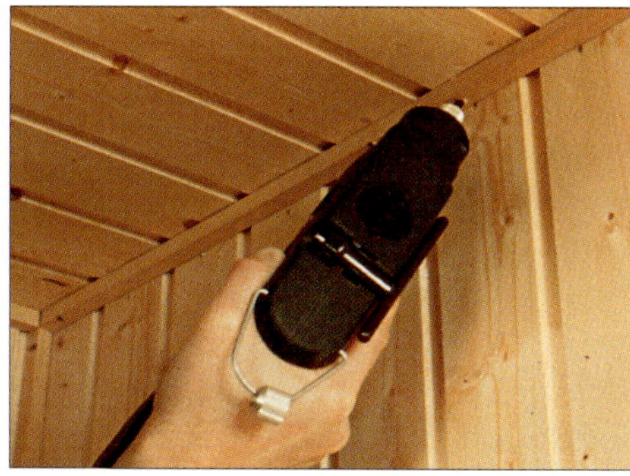

Viertelstäbe oder Dreieckleisten decken die Übergänge in den Ecken und zur Decke sauber ab. Sie werden genagelt oder getackert.

Auflager und Stützen tragen die Saunabänke an deren Schmalseiten. Sie sind in 45 und 90 cm Höhe an die Wände zu schrauben.

Zwischenstützen sind in Abständen von 60 bis 70 cm vorzusehen. An ihnen werden auch die unteren Rückenlehnen befestigt.

Die Abluftöffnung erhält einen einfachen Schieber, damit der Wärmeaustausch in der Kabine reguliert werden kann.

Der Boden vor den Bänken kann mit einem Holzrost abgedeckt werden. Er läßt sich zur Reinigung des Bodens herausnehmen.

Stichwortregister

Fotografen: Ariadne Ahrens, Seite 42–47, 88–93, 104, 106–112, 116–119; Walter Diem, Seite 122–125; Alan Ginsburg, Seite 98; Ostermann & Scheiwe, Seite 6–9, 22/23; Louis Krages, Seite 47, 105; René Lauert, Seite 10/11, 32/33, 40/41; Marco Moog, Seite 26–31, 33–39, 54–59, 66–71; Parador, Seite 114/115; Petra Stange, Seite 42–46, 99–103; Karin Vogel-Berensmann, Seite 48–52, 72–83; 94–97; Frank Willhöft, Seite 84–87.
Zeichnungen: ARGE-Holz, Seite 16–21, 24/25; Jochen Pape, Seite 36, 80; Tillmann Straszburger, Seite 12, 14/15, 120/121.